はじめての統計学

レジの行列が早く進むのは、どっち!?

サトウマイ

SOGO HOREI PUBLISHING CO., LTD

ブックデザイン　別府　拓（Q.design）
DTP・作図　横内俊彦
校正　矢島規男

はじめに

A商事に入社した2人の会社員がいました。入社時点での2人の評価は、ほとんど同じでした。しかし三年後、2人には大きな差がつきました。1人目の田中さん（仮名）は、次々と提案した企画が通り、大きなプロジェクトの立ち上げにも関わるようになっていました。毎日忙しく過ごしていますが、残業は少なく目立ったミスもありません。

一方、もう1人の山田さん（仮名）は、時間をかけて書いた提案書も上司から否定されることが多く、残業をたくさんしているわりになかなか成果があがりません。日々の疲れからか、ミスも繰り返していました。さて、この2人の違いはなんでしょう？

これは仮想の話ではなく、実際に私が多くの企業と一緒に仕事をしてきて、目の当たりにしてきたギャップであり、経営者から相談されることの多い悩みです。普段、私は企業が持っているデータを分析し、そこから戦略立案をする仕事をしています。販売データや人事・財務データなど、企業にはあらゆるデータが眠っています。そこからなにかしらの法則性を見つけて、組織の意思決定を助けることが仕事です。

とある業務改善プロジェクトでは、「少ない時間でもパフォーマンスを出せる人と出せない人の違いはなにか？」という課題のもと調査分析を行いました。言い方を変えると、「山田さんは、どうすれば高いパフォーマンスを出せるようになるのか？」ということを調査しました。

具体的には、社員を一日中モニタリングしては、時々「今、なんの仕事をやっているのですか？」「それはなんのためにやるのですか？」といった質問を投げかけます。それぞれの行動やヒアリング調査からわかったことは、ハイパフォーマーな社員は「言語化」ができているということです。というよりも、ローパフォーマーな社員は、ハイパフォーマーな社員が当たり前にやっている「言語化」をしていない、ということがわかったのです。

例えば、調査員の「今、なんの仕事をしているのですか？」という質問に対して、ローパフォーマーな社員は「今は資料のコピーをとっています」と回答し、さらに「それはなんのためにやるのですか？」という質問に対して、「会社のルールなので」や「そういうものなので」と回答する傾向がありました。一方で、ハイパフォーマーな社員は、今やっている仕事の目的、各タスクにかかる所要時間や工数を、より正確に把握しながら仕事をしていました。

また別の調査では、成績の良い営業マンとそうでない営業マンの違いが「営業日報の書き方」にあることを発見しました。明らかな違いとしては文章量です。ローパフォーマーな営業マンの日報はスカスカだったのに対し、ハイパフォーマーな営業マンはしっかりと書き込まれていました（ただし、要点がわからないほど多すぎる文章は、この限りではありません）。

この二つの事例以外の同様の調査でも似たような結果が得られ、仕事ができる人の特徴は「言語化ができること」といえるのではないかと思います。できる人にとっては当たり前のことなのですが、仕事の目的やゴールを設定できて、そこまでの地図を描ける人が、目的を達成しやすいためです。

「データが活用できていなくてもったいないから、活用していきたい」という会社から相談を受けるとき、「データを活用してなにをしたいのですか？」とヒアリングをすると、明確な答えが返ってこないことはよくあります。「データ分析をすれば、なにか新しい発見が得られるに違いない」「ＡＩ（人工知能）を導入すれば、勝手に業績を上げてくれるはず」。こういった考えのままAIなどのテクノロジーを導入しても、役に立たないことはよくありますし、使いこなせない高度な分析ツールを入れても、「キレイなグラフが描けるようになっただけ」という会社が非常に多いです。

また、外部のデータサイエンティストに分析をお願いしても、「業界では当たり前の事実」を導き出したりするものです。ここでも、やはり言語化がカギになってきます。データ分析者が膨大なデータを前にしたとき、最初に問われることは「さあ、一体なにがしたいの？」だからです。

ここでいう言語化とは、

- **物事をわかりやすく人に説明できること**
- **自分の意見を的確に伝えられること**
- **経験や勘ではなく、データ等のエビデンスに基づいた主張ができること**

という意味にとどまりません。

統計学と確率論の歴史を振り返ってみても、**「一体なにがしたいのか？」「どんな問題を**

解決したいの？」という点からスタートしています。

今は明確に区別することはありませんが、統計学と確率論は、歴史をたどるとそれぞれ別々の方向から研究されました。確率論の歴史は16世紀のイタリアで、頭は良いけど、ちょっと変な人たちが、大まじめに「数学的に、ギャンブルに勝てる方法はないのか？」を突き詰めて誕生しました。

現代でもよく知られている、一部のデータから全体を推測する「推測統計学」の基礎は、17世紀のイギリス人商人によって作られました。当時は伝染病が蔓延《まんえん》しており、教会の資料をもとに作成した〝死亡統計表〟から、「36％の子どもは6歳までに死ぬ」という発見をしたのです。

「なんとかして、数学的にギャンブルに勝てないか？」というところから生まれたのが確率論で、「病気で亡くなる人には、なんらかの規則性があるんじゃないか？」というところから生まれたのが統計学というわけです。確率論は「必勝法を考えるための学問」であり、統計学は「法則発見のための学問」という違いがありますが、この二つを区別することにあまり意味はなく、確率・統計とワンセットで言ってしまっても問題はありません。

確率・統計のパイオニアたちは、

・この怪しい民間療法は、本当に効くのか
・戦争中に亡くなる人は、戦死ではなく衛生環境が問題ではないだろうか
・「ミルクを先に入れたミルクティー」と「紅茶を先に入れたミルクティー」、どちらが美味しいだろうか
・このワイン、将来どのくらい価格が上がるか計算できないだろうか

というような、「解決したいなんらかの謎」を持つところから始まっているのです。いうなれば、**確率・統計は「数字を使ったリアル謎解き」**です。「**『自分（組織）は一体なにがしたいのか？』『それはどうやったら達成可能か？』を組み立てられること**」と、もうひとつ、**ここでは「言語化ができている状態」と定義**します。

また、「数字で話せること」はとても重要です。なぜならば、**「世界共通言語は英語ではなく数字」**であるからです。**確率・統計というのは、世界共通言語である数字で世界を正しく読み解き、言語化し、コミュニケーションがとれるようになる強力な武器なのです。**

これまでの多くの研究でも、「数字に強いと人生がイージーモードになる」といわれています。具体的には、問題解決力や収入、幸福度に影響します。是非、この強力な武器を身につけて人生をイージーモードにしていきましょう。

こんなことを言っておきながら、私自身、実は大の数学アレルギーです。小学生の時点で算数に挫折し、宿題は母にやってもらっていました。今でも数式が出てくる専門書を読むと、とても深い眠りに入ることができます。しかし、本当にたまたま、とても素晴らしい師に恵まれたことで、食わず嫌いだった統計学と向き合い、強力な武器を身につけることになりました。その結果、今では社会人向けに統計学やデータ分析の講座を開いたり、こうして確率・統計の本を書くまでになりました。本当に信じられないことです。

もし、私が記憶喪失になったとしても、確率・統計は必ず学ぶことでしょう。数学アレルギーの私が記憶喪失になったときに、一冊目に読む確率・統計の本として本書を書きました。まずは、直感的な理解を重視するために、教科書的な順序にとらわれず、身近な事例を取り上げました。みなさんの日常生活やお仕事の場面に当てはめてみてください。

みなさんの仕事や日常生活が、より豊かになりますように。心をこめて。

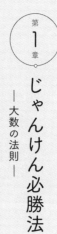

第1章

じゃんけん必勝法

―大数の法則―

じゃんけんで必ず勝つのは「パー」!?

運に関するゲームで、私たちの一番身近にあるのは「じゃんけん」ではないでしょうか？　手だけを使って、3種類の手の出し方（グー・チョキ・パー）の組み合わせによって、勝敗を決めるシンプルなゲームです。コイントスやクジなどと違い、道具を用意することなく短時間で決着がつくことから、世界各地でじゃんけんに似たゲームが存在します。

英語圏の場合「Rock Paper Scissors」などと表現されることもありますが、ルールは同じです。じゃんけんの起源は諸説あるようですが、日本では江戸～明治時代に発明されたのではないかといわれています。実はこのじゃんけんに、統計的な必勝法があることをご存じでしょうか？

人間は、なにかしらのクセを持っています。話し方のクセ、歩き方のクセ、考え方のクセ、そして、選択のクセです。じゃんけんにも、出し方のクセというものがあります。「人によって違うのでは？」と思うかもしれません。しかし、大きなくくりでとらえると「出す手の確率」が偏っているのです。平等なルールであるはずのじゃんけんですが、身近に「あの人、じゃんけん強いな」といわれている人がいるときは、ここで紹介する「じゃんけん必勝法」を使っているのかもしれません。

２００９年に日本経済新聞に掲載された、桜美林大学の芳沢光雄《よしざわみつお》教授による「ジャンケンに関する研究結果」によると、学生725人による、延べ１万1567回のジャンケンの結果、それぞれ出された手の回数は以下のようになりました。

グー　：４０５４回
チョキ：３８４９回
パー　：３６６４回

これをパーセンテージにすると、

「グー」を出す確率：４０５４／１１５６７＝35・0％

「チョキ」を出す確率：3849／11567＝33・3％
「パー」を出す確率：3664／11567＝31・7％

グーを出す人が一番多く、次にチョキ、パーの順です。自分がグーを出したときに勝てるのは、相手がチョキを出したときですので、勝つ確率は33・3％です。

同様に、

自分が「チョキ」を出して勝つ確率：31・7％
自分が「パー」を出して勝つ確率：35・0％

となります。

つまり、「パーを出すのが最も勝ちやすい選択」ということです（図1－1）。

この勝率の差は「誤差の範囲」ではないかと思うかもしれませんが、統計的に意味のある差であることがわかっています（これを「有意差」といいます）。

心理学的には「人間は警戒心を持つと、拳を握る傾向がある」という説のほか、「チョキ

図1-1　勝つ確率が高い手

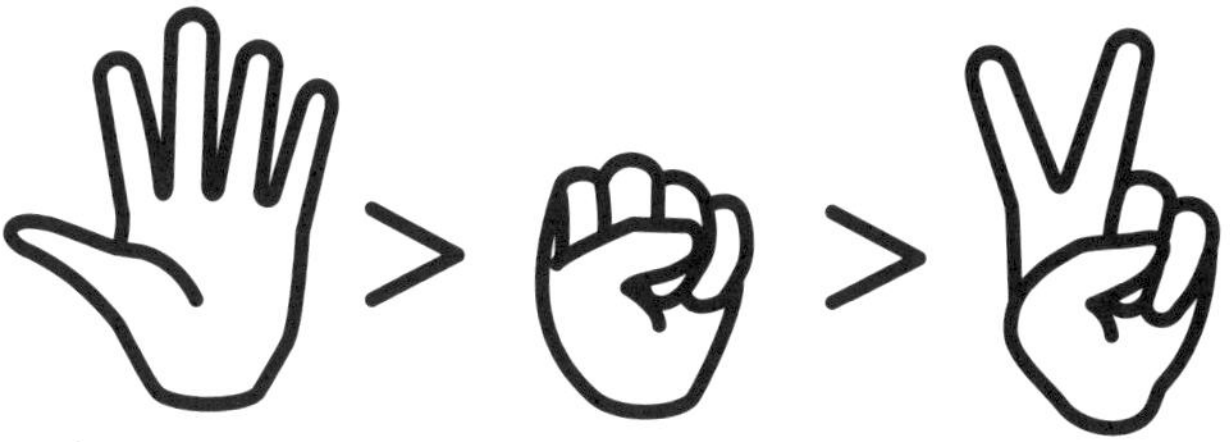

はグーやパーと比べて出しにくい」という説もあります。クセというのは、人が無意識時により出やすいので、相手が酔っ払っているときや疲れているときはチャンスかもしれません。また、こちらからじゃんけんを仕掛けるときは「最初はグー」という掛け声をスピードアップし、相手に考える余裕を与えないようにすることで、クセがより出やすいのではないでしょうか（図1－2）。

これが、じゃんけん初手（最初になんの手を出すか）での戦略です。この研究では、「あいこになったときは、次になんの手を出せばいいのか？」についても調べています。その結果、あいこになったとき、次も同じ手を出す確率は22・8％ということがわかりました。

図1-2　じゃんけんの手の特徴

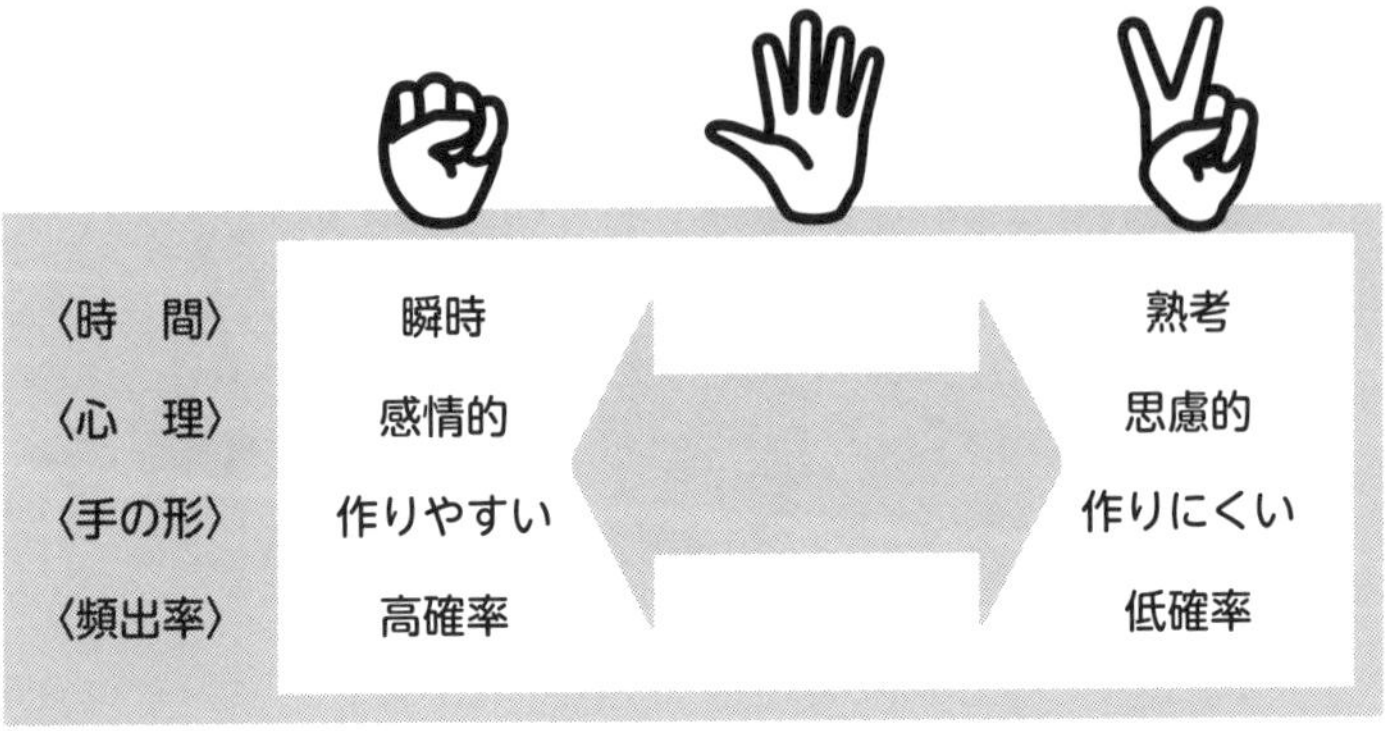

日本じゃんけん協会HPより引用

例えば、自分が一度目に「グー」を出し、相手も「グー」を出しあいこになったとします。すると、次に相手がまた「グー」を出してくる確率は22・8％だということです。もしランダムで「グー・チョキ・パー」を出しているなら、それぞれの確率は1／3（約33％）になるはずですので、22・8％というのはかなり低いことがわかります。「なんとなく、同じ手ではなく違う手を出したくなる」という選択のクセがあるようです。

統計数理研究所の石黒《いしぐろ》真木夫《まきお》名誉教授が作った「じゃんけんゲーム」では、人間対コンピューターで先に30点を取ったほうが勝ちという勝負で、延べ5万回の勝負でコンピューターの勝率が6割を超えました。

というのも、このソフトでは人間の14のクセを織り込んで勝負をしながらパターン解析を行い、人間の出す手を決定していくそうです。「人間がソフトの手を読もうとすると、それがクセになるので、逆にソフトの勝率が上がる。まったくデタラメに出せれば、それが一番強い（勝率50％にすることができる）」という石黒教授のコメントも紹介されています。

それでは、「相手が同じ手を連続して出す確率は低い」ということを利用して、あいこの次の手で勝つ確率を上げる方法を考えてみます。

例えば、自分と相手が同じ「グー」を出してあいこになったとします。次に相手が出す手が「グー」である確率は22・8％ですから、それ以外の手（「チョキ」か「パー」）を出す確率は77・2％（＝100％－22・8％）です。ということは、「チョキ」を出しておけば77・2％の確率で負けないということになります（図1－3）。

同じように、ほかの手についても負けない確率の高い手を考えると、一度目にあいこだった手が、

「グーの場合」：二度目は「チョキ」を出す
「チョキの場合」：二度目は「パー」を出す
「パーの場合」：二度目は「グー」を出す

これが最善の手となります。
覚え方は簡単です。「2人でじゃんけんをしてあいこになったら、次に自分はその手に負ける手を出す」ということです。

図1-3　「あいこ」になった場合の手の出し方

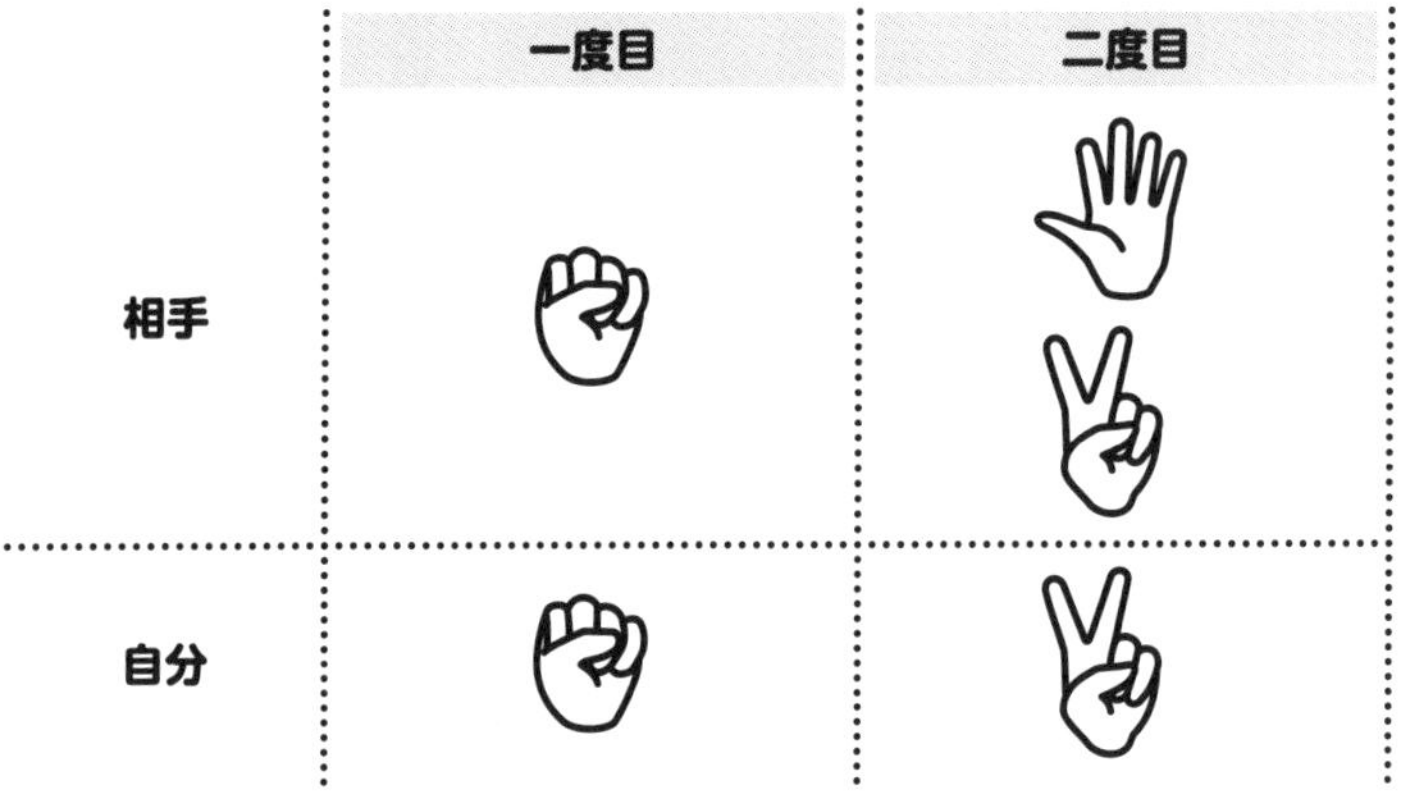

「大数《たいすう》の法則」を制する者は賭けを制す

「じゃんけんの必勝法」といっておきながら矛盾しますが、運のゲームやギャンブルには100%勝つ方法は存在しません。初手で一番強い「パー」を出して、10人と対戦したとしたら約3人（31・7%の確率）には負けるわけです。確率が100%ではない以上、それ以外の事柄が起きる可能性は0ではありません。一番勝率が高いと予想される「初手ではパーを出す」という選択は間違いではないのですが、もっと勝率を上げる方法が存在します。それは、一回ぽっきりのじゃんけんで勝敗がつくルールではなく、「複数回の勝負にして、勝った回数が多いほうが勝利する」というルールにしてしまう方法です。

わかりやすくスポーツで考えてみましょう。例えば、バレーボールは5セットのうち3セット先取したチームが勝利です。これがもし、1セットだけで勝敗がついてしまうルールだったらどう思いますか？　ワールドカップを観戦していて、1セットで日本チームが敗れてしまったとき、「今回はたまたま負けただけ。日本の実力はこんなものではないはず」と思う人もいるのではないでしょうか。同時に「もうちょっと試合を長くやってくれないと、〝本当の実力の差〟がわからないよ」といいたくなるのではないでしょうか？

多くのスポーツでは、数回戦のゲームを行って総合的に勝敗をつけるようなルールになっています。なぜなら、1回の勝負だけでは運よく勝つこともあるかもしれませんが、数回戦の長期戦のゲームになれば本当に実力のあるチームが勝つはず、という統計的な前提に基づいているためです。

じゃんけんであれば、「本当の実力＝各手の勝率」ということです。

自分が「グー」を出して勝つ確率：33・3％
自分が「チョキ」を出して勝つ確率：31・7％
自分が「パー」を出して勝つ確率：35・0％

潜在的な勝率に偏りがあれば、長期戦にすることによって本当の実力がデータに表れやすいことを「大数の法則」といいます。

サイコロを例に、大数の法則について紹介します。

サイコロの目1～6までの各数字は、それぞれ、1／6の確率で出現します。1／6は16・67％くらいです。「16・67％」というのが、各数字が出現する「本当の実力」を表していると考えてください。この場合、歪《ゆが》みのないサイコロなので、「1～6の各数字の本当の実力は16・67％ですべて等しい」ということになります。この状態を確率の世界では、「同様に確からしい」といいます。

各出目が出る確率は、理論上は等しくても、例えば、サイコロを6回投げたとき、1～6までの数字が必ず1回ずつ出るとは限りません。もしかすると、1の目が6回続くかもしれません。

確率現象を実験したり観察したりすることを「試行」といいます。サイコロを振る回数(試行回数)を12回に増やしたとして、1～6までの各数字が出る回数の期待値はいくつになるでしょうか？

12回×1/6＝2

で12回サイコロを振ったら、1～6までそれぞれ2回ずつ出る計算になります。実際にコンピューターでシミュレーションをすると、図1－4のような結果になりました。

各出目が出る回数の期待値は2回のはずですが、2と6の目は1回も出ていない一方で、5の目は4回も出ていますね。各出目の出現確率も0～33・3％とバラついています。

ではこれを、60回、600回、6000回、6万回と試行回数を増やすと、どういった結果になるか見てみましょう。

60回もサイコロを振れば「1回もその目が出なかった」ということはなくなりましたが、出現確率は11・7～28・3％とまだバラつきがあります。

600回では出現確率が14～18・7％となり、バラつきが小さくなってきました。

さらに、6000回では出現確率が15・2～17・5％となり、もっとバラつきが小さくなってきました。

図1-4　サイコロを6万回投げたときのシミュレーション

	その目が出た回数								
試行回数	⚀	⚁	⚂	⚃	⚄	⚅	期待値	最小値	最大値
12	3	0	2	3	4	0	2	0	4
60	8	7	17	9	9	10	10	7	17
600	84	112	89	109	108	98	100	84	112
6000	963	1026	913	1049	1044	1005	1000	913	1049
60000	9977	10049	9984	10031	9901	10094	10000	9901	10094

	その目が出た確率								
試行回数	⚀	⚁	⚂	⚃	⚄	⚅	期待値	最小値	最大値
12	25.00%	0.00%	16.67%	25.00%	33.33%	0.00%	16.67%	**0.00%**	**33.33%**
60	13.33%	11.67%	28.33%	15.00%	15.00%	16.67%	16.67%	**11.67%**	**28.33%**
600	14.00%	18.67%	14.83%	18.17%	18.00%	16.33%	16.67%	**14.00%**	**18.67%**
6000	16.05%	17.10%	15.22%	17.48%	17.40%	16.75%	16.67%	**15.22%**	**17.48%**
60000	16.63%	16.75%	16.64%	16.72%	16.50%	16.82%	16.67%	**16.50%**	**16.82%**

そして、6万回では出現確率が16・5〜16・8％になり、どの出目も「本当の実力」である16・67％付近に落ち着いているのがわかります。

出現確率の変化に注目してほしいのですが、試行回数が60回、600回、6000回、6万回と多くなるごとに各出目の出現確率にブレが少なくなっているのがわかると思います。

試行回数が多いほど、「本当の実力」（16・67％）に収束していく大数の法則が働いているためです。

大数の法則は幅広く応用されている

２０１８年末頃から、PayPayというスマホ決済サービスが普及しました。「10回、20回、40回に１回全額返金される」という期間限定キャンペーンが話題を呼びました。なぜ、全額返金という一見太っ腹なキャンペーンを打ち出せるか、赤字になったりしないのかというと、大数の法則に裏打ちされた戦略があるからです。例えば１万円の買い物の場合、「40回に１回全額返金」にしたときの還元率は２・５％です（１万円×１／40＋０円×39／40＝２５０円）。

このキャンペーンに１人しか参加せず、運よくその人が１万円全額返金されることもあるでしょう。しかし、実際はかなり多数の人がこのキャンペーンに参加していました。購入金額も様々です。キャンペーン全体を見たとき、購入総額の２・５％が還元されるところに落ち着くのです。PayPayは「初期導入費・決済手数料・入金手数料０円」をウリに加盟店を拡大してきましたが、利用者が多くいることによって大数の法則が働き、コストの計算をより正確にすることができるのです。

この大数の法則に則って経営をしているのがギャンブル店です。顧客がプレイする回数（試行回数）を多くすることで、設定した控除率（店側の取り分）に収束しやすいようにコントロールしているというわけです（控除率については第2章で解説します）。つまり、お客さんがプレイすればするほど（試行回数が増えるほど）店側の儲けが確定しやすいのですが、お客さんのプレイ数が少ない（試行回数が少ない）と、設定した控除率に収束しづらくなる（店側が赤字になることもあり得る）ということです。

こういった理由から、ギャンブル店では顧客のプレイ回数（試行回数）を、経営の最重要指標として設定しています。例えばパチンコ店では、「稼働数」といい「お客さんが一日を通してパチンコ台に打ち込んだ玉の数＝試行回数」という指標を、一番重要な指標として扱っているのです（「売上」や「客単価」ではないところがポイントです）。

大数の法則はギャンブルの世界だけでなく、保険や銀行の貸付等にも幅広く応用されています。自動車保険を例に考えてみましょう。万一の事故に備えて、加入するのが自動車保険です。しかし、自動車事故が頻繁に起きたら、保険会社の保障は大変なことになります。でも、実際にそうはならないのは、「事故を起こす人」が加入者全体の比率でいえばかなりの少数だからです。その他大勢の「事故を起こさない人」が払っている保険料で、「事故を起こす人」の保障をまかなっているということです。

保険の場合も、加入者をどれだけ増やすかということが大事です。加入者が多くなるほど、加入者全体の事故を起こす確率にブレがなくなり、安定した経営ができるようになります。保険料が人によって異なるのは、加入者の年齢や性別、免許証の色などで事故を起こす確率の高低が異なるためです。「事故を起こす確率の高い人」と判断された場合には、保険料が高くなります。

銀行の貸付金利もこれと同等の仕組みです。返済するのが難しそうな人ほど金利が高くなったり、そもそも審査に落ちてしまって借りられなかったり、ということがあるのはそのためです。

このように、決済サービス、ギャンブル、保険、金融などあらゆるビジネスに、大数の法則が取り入れられ、経営を安定させています。これはビジネスの世界の話だけでなく、個人にも取り入れるべき考え方だと思います。

統計学が味方をしてくれる人の特徴は、「一発逆転を狙わないコツコツとした行いができること」や「目の前の出来事に一喜一憂せずに、長期的に勝つことを選択できるかどうか」といえるかもしれません。

1回ポッキリで勝負が決まってしまうような運まかせのゲームは、エンターテインメントとして楽しめる範囲にとどめておきましょう。もし、そこに人生の大勝負を懸けてしまうと、「運」という自分ではコントロールできないものに自分の人生の舵《かじ》を託すことになります。それはそれでひとつの選択かもしれませんが、自分の人生の舵を自分で握れる人生と、自分以外の誰かに舵を握られる人生、あなたはどちらを選択したいですか。

第2章

一流は宝くじ売り場に並ばない

―平均値と期待値―

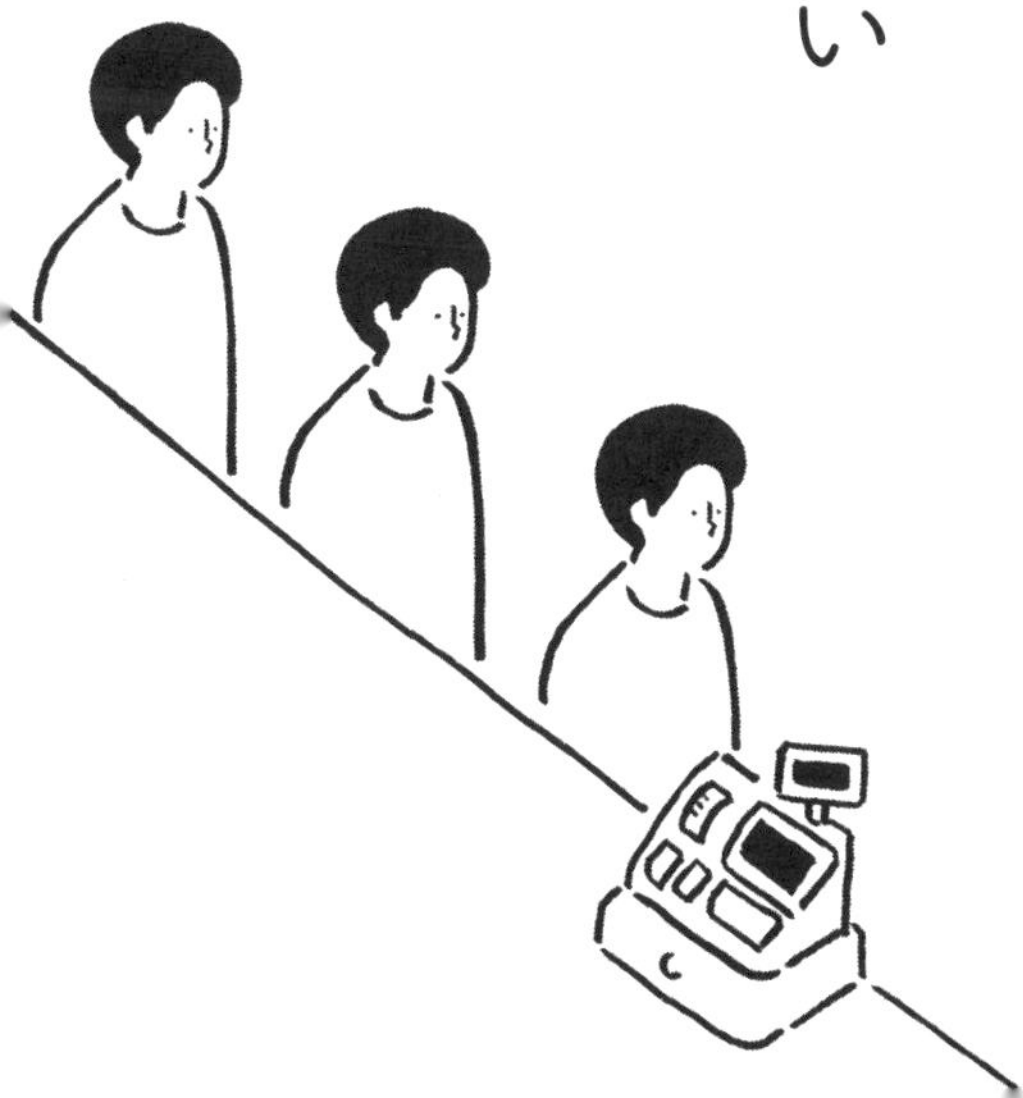

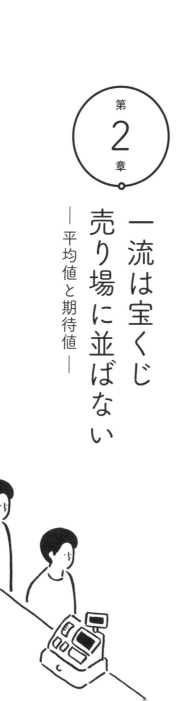

毎年あの宝くじ売り場で高額当せんが出るのは本当なのか

人気ユーチューバーのヒカルさんが投稿した、「高額当せん連発？　1等7億円の年末ジャンボ宝くじを1000万円分買った結果」という検証動画が、780万回も再生（2020年7月時点）されていました（検証結果は、1000万円分の宝くじを買って約230万円の当たりでした）。

誰もが一度は買ったことがある宝くじについて、そのカラクリを知っている人は少ないのではないかと思います。300円で数億円が当たるなんて夢のような話です。「当たるはずがない」と思いながら、「買わなきゃ当たらないから」と、冬のボーナスを握りしめて寒空の下「出る」と噂の宝くじ売り場に並ぶ。そんな光景を、毎年のように見ています。

多くの人は「宝くじを買ってもどうせ当たらない」と思っているのに、有名な宝くじ売り場の「高額当せん続出！」の文字とそこに並ぶ長蛇の列を見ると、不思議な気持ちになります。宝くじで3億円当たった人が、「キミも宝くじを買えば億万長者になれる」といっていたとしたら「そんなわけない」と思います。しかし、「昨年、あの店で買ったら100万円当たった。やっぱりあの店は出るから今年も並んで買おう」という人は、意外といるのです。

「宝くじを買えば億万長者になれる」という成功法則には「再現性がない」と思っているのに、「出る店で買ったら、当たるかも」と思ってしまうのは、おそらく統計リテラシーがないのではないかと思ってしまいます。

まず、宝くじの仕組みを簡単に説明しましょう（図2－1）。

宝くじは総務省が所管しており、収益金は地方公共団体の財源に充《あ》てるものです。宝くじの販売総額のうち、賞金や経費などを除いた約40％が収益金として発売元の全国都道府県及び全指定都市へ納められ、高齢化・少子化対策や防災対策、公園整備、教育及び社会福祉施設の建設・改修などに使われています。

「売れ残った宝くじから当せんは出ないの？」と考えたこともあるかと思います。理論上、売れ残った宝くじから当せんが出ることはあります。しかし、抽せん前に売れ残りの宝くじは断裁処分されるので、これに対して当せん金が支払われることはありません。

宝くじの当せん金は、支払い開始日から１年で時効になります。２０１８年の「年末ジャンボ（ミニとプチを含む）」では、支払期限（２０２０年1月6日）の半月前になっても、7億円２本、１億５０００万円４本をはじめとして、１０００万円以上の高額当せんが86本、総額約30億円が未換金状態だったそうです。ちなみに、支払期限を過ぎた場合は、その時効当せん金は都道府県や市町村などの地方自治体の収益金として分配されます。

宝くじに外れたとしても、「世のため、人の

図2-1　宝くじの仕組み

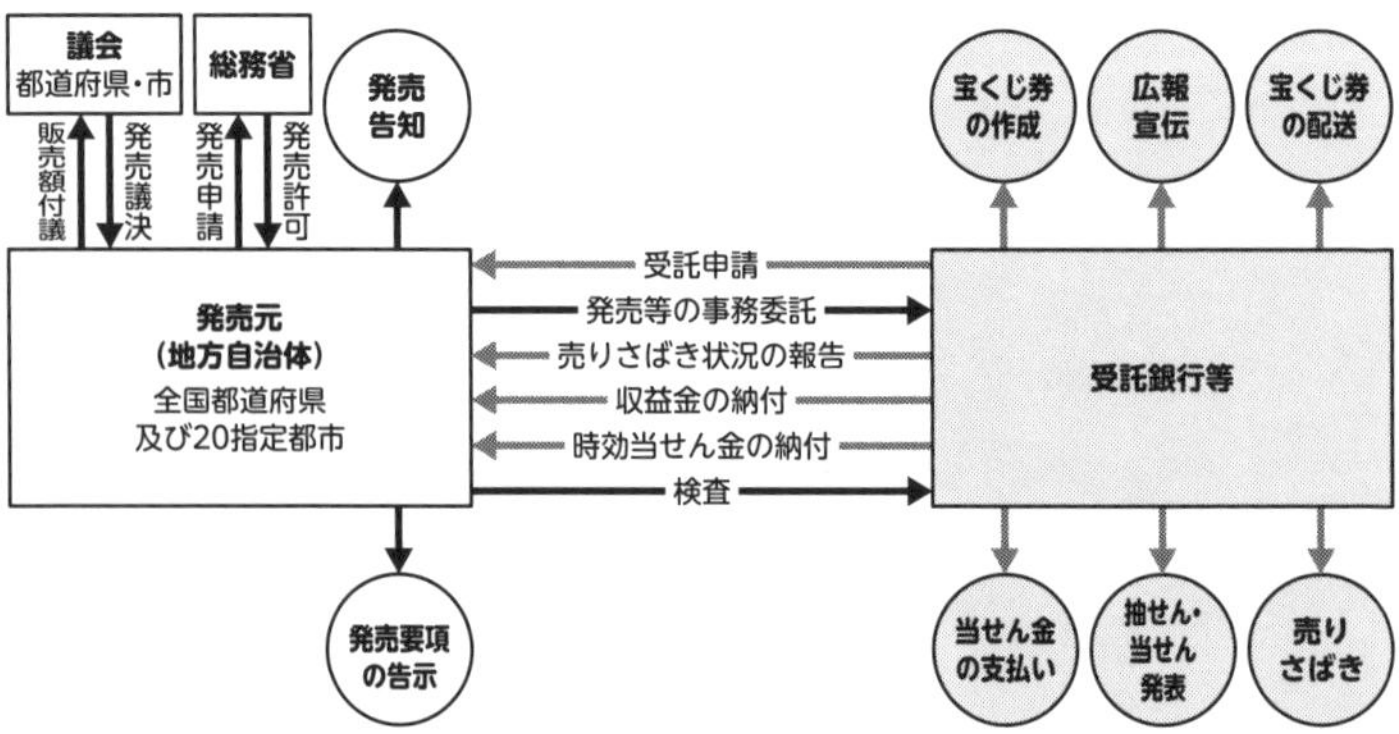

宝くじ公式サイトHPより引用

ために使われているなら」と思えればいいのですが、身銭を切って夢を買っている以上は「高額当せんしたい」というのが本音だと思います。ギャンブルでもゲームでも、なにかの賭け事をするときに知っておかないと損をすることは、**「それは自分にとって、勝てる確率が高いものなのか?」**ということです。

宝くじの当選シミュレーションをしながら、ギャンブルの勝率を左右する三つの数字について解説していきます。

宝くじ60億円分を買ったときの当せん金額

仮に、「年末ジャンボ宝くじ」（第818回全国自治宝くじ）を60億円分買ったときの当せん金額をシミュレーションしてみます（図2－2）。結論からいうと、60億円分の宝くじを買った場合には、30億円分くらいは当たるということです。

では、宝くじをはじめとしたギャンブルに関連する重要な指標をいくつか解説しましょう。

▼重要な指標①「期待値」

くじ一枚あたりの当せん金額の平均値のことです。例えば、図2－3のような1～5等までのくじがあったとします。

この場合、「当せん金額の合計÷くじ本数＝40000円÷1000本＝40円」となりま

図2-2　宝くじ60億円分を買ったときの当せん金額シミュレーション

等級等	当せん金	本数(23ユニットの場合)	本数(1ユニット=2000万本中)	購入金額	当せん確率	当せん金額
1等	700,000,000	23	1	300	0.00000005	700,000,000
1等の前後賞	150,000,000	46	2	600	0.0000001	300,000,000
1等の組違い賞	100,000	4,577	199	59,700	0.00000995	19,900,000
2等	10,000,000	69	3	900	0.00000015	30,000,000
3等	1,000,000	2,300	100	30,000	0.000005	100,000,000
4等	100,000	46,000	2,000	600,000	0.0001	200,000,000
5等	10,000	920,000	40,000	12,000,000	0.002	400,000,000
6等	3,000	4,600,000	200,000	60,000,000	0.01	600,000,000
7等	300	46,000,000	2,000,000	600,000,000	0.1	600,000,000
年末ラッキー賞	20,000	46,000	2,000	600,000	0.0001	40,000,000
はずれ	0	408,380,985	17,755,695	5,326,708,500	0.88778475	0
合計	**861,233,300**	**460,000,000**	**20,000,000**	**6,000,000,000**	**1**	**2,989,900,000**

「年末ジャンボ宝くじ」（第818回全国自治宝くじ）の当せん金・本数（発売総額1380億円・23ユニットの場合
（1ユニット2000万枚・1枚300円）
宝くじ公式サイトHP(https://www.takarakuji-official.jp/news/recent/?newsId=191101)より著者作成

す。40円というのが、くじ一枚あたりの価値という表現もできます。実際の宝くじの場合は、次の計算式になります。

2,989,900,000（円）÷20,000,000（本）＝149,495（円）

これが、宝くじ一枚あたりの価値です。ジャンボ宝くじは一枚あたり３００円ですから、３００円払って１４９円の価値のくじを買っていることになります。

▼重要な指標②「還元率」

投資したときに、そのうち何％がリターンとして返ってくるかという指標を「還元率」

図2-3 「期待値」の出し方

等級	当せん金額(A)	当たり本数(B)	(A)×(B)
1等	10,000円	1本	10,000円
2等	5,000円	2本	10,000円
3等	1,000円	10本	10,000円
4等	100円	100本	10,000円
5等	0円	887本	0円
		1000本	**40,000円**

といいます。宝くじ（年末ジャンボ）の場合は、次の計算式です。

2,989,900,000（円）÷ 6,000,000,000（円）＝ 49.8%

この還元率は、数あるギャンブルの中でも最低ランクといえます。

▼重要な指標③「控除率」

投資したときに、そのうち何%が引かれるのかという指標を「控除率」といいます。還元率と裏表になっていて、基本的には「1－還元率」で計算されます。宝くじの場合は、次の計算式です。

1 － 49.8% ＝ 50.2%

つまり、投資額のうち半分以上が引かれるということです。運営者を「胴元」といいますが、この控除率が胴元の儲けになるわけです。

まとめます。宝くじの還元率は50％未満。つまり、「1万円分の宝くじを買ったら平均して5000円分くらい当たる」ということです。しかし、宝くじを買ったことがある人なら、「いや、半分も戻ってくる感覚はない。300円が何枚かと3000円くらいしか当たったことがない」と思う方が多いと思います。

ユーチューバーのヒカルさんの検証結果では、1000万円分の宝くじを買って、232万8900円の当たりでした。つまり、この時点での還元率は23％（232万円÷1000万円≒0・232）くらいです。多くの人の感覚も、「1万円分買ったら、3000円当たるか当たらないか」くらいなのではないでしょうか。

このように、**統計では理論上の平均値と実体験に基づく感覚が合わないことがよくあります**。例えば、平均年収などがその例です。国税庁の民間給与実態調査によると、平成30年における日本人の平均年収は約441万円となっています。

これを見て高いと感じるでしょうか、低いと感じるでしょうか。過半数の人は「結構高いな」と思うはずです。その理由は、平均値の計算の仕方にあります。

平均値は、全部の数字の合計を足した回数で割った数で、そのグループ全体を要約することを目的として使われます。

例えば、以下のようなデータがあったとします。

〈年収の平均値の出し方〉

年収データ：300万円・400万円・500万円・600万円・800万円・1000万円・2000万円（計7データ）

(300 万円＋ 400 万円＋ 500 万円＋ 600 万円＋ 800 万円＋ 1000 万円＋ 2000 万円)÷ 7 ＝ 800 万円

七つの年収データの平均値は、800万円になります。しかし、人数でみると800万円より少ない人が4人、800万円よりも多い人が2人です。7人のうち、過半数の4人が平均に満たないのです。これは、2000万円という高所得者のデータが入っていることによって、そのグループ全体の数値が底上げされているからです。

このように、飛び抜けた一部のデータのことを「外れ値」といいます。平均値は、外れ値の影響を受けると「だいたい真ん中にくる値」にはならないことに注意してください。

「だいたい真ん中にくる値」は、「中央値」で算出します。

〈年収の中央値の出し方〉

年収データ：300万円・400万円・500万円・600万円・800万円・1000万円・2000万円（計7データ）

7データを順に並べ、真ん中にくる600万円が中央値です。年収などの場合、大多数の感覚に近いのは、平均値ではなく中央値です。中央値は、小さい順から大きい順に並べて、その真ん中にくる値になります。外れ値の影響を受けにくいので、大多数の感覚に近い数字として表すことができます。ちなみに、給与所得者全体の年収中央値は350万～360万円程度です。

宝くじの還元率が約50%と聞いて「そんなに戻ってくる感覚がない」と思うのは、還元率が高額当せんなどの外れ値を含めて計算された平均値だからです。そのため、宝くじを買ったことのある大多数の人の感覚としては「もっと少ない」と感じるはずです。

次に、「高額当せん続出の店で買ったほうが当たりやすい」のは本当かどうか検証していきます。

「せっかく買うのなら、1時間並んででも高額当せんがたくさん出る売り場で買いたい」というのは、「店によって、当たる確率が違うのでは？」と思っているからだと思います。ここまで読んだあなたなら気づいていると思いますが、店によって当たる確率に偏りがあるわけではなく「サンプルサイズ」の問題なのです。

なにかしらの検証をしたいときは、データを集めます。集めたデータ数のことをサンプルサイズといいます（「サンプル数」と間違われますが、正しくはサンプルサイズです）。

宝くじの場合、その店で販売された宝くじの枚数がサンプルサイズになります。100枚売れた宝くじ売り場と1万枚売れた宝くじ売り場では、どちらが高額当せん者の数が多いでしょうか？　もちろん、サンプルサイズ（販売枚数）が大きいほど、高額当せん者の数も増えます。

高額当せん者が出る
←出る店っぽく見える
←たくさん買う人がくる
←売れば売るほど、高額当せん者が出る

このような構造になっています。

「販売枚数が多い宝くじ売り場ほど、高額当せん者が出やすい」というのは、数学法則として正しいです。しかし、「過去の高額当せん者が多い宝くじ売り場で売られている宝くじほど当たりやすい」というのは間違っています。当せん確率は、なにか細工をしていない限りどの店で買っても同じです。確率が高いことと当たる数が多いことはまったく別物です。このことをわかっていない方がとても多いのです。**「確率的に、当たりやすい宝くじ売り場は存在しない」**ということがおわかりになったかと思います。

では次に、宝くじに当たる確率は感覚的にどのくらいなのか、ほかの確率と比較をしてみましょう。

◎飛行機事故に遭遇する確率

まず、米国の国家運輸安全委員会（NTSB）の調査によると、飛行機に乗ったときに墜落する確率は0・0009％です。しかし、これはあくまで全世界の航空会社全体の平均値です。米国国内の航空会社のみを考えた場合、確率は0・000032％とされています。日本もそれくらいだとすると、「飛行機に312万5000回乗ったら1回は墜落事故に遭うかもしれない」ということです。

◎雷に打たれる確率

警察白書によると、一年間で雷に打たれる確率は、0・00001％（1000万分の1）で、年末ジャンボの前後賞（1・5億円）に当たる確率と同じです。

このように、宝くじが当たるには、何度転生しても足りない気がします。宝くじは「買わなければ当たらないが、買えば買うほど損をする」ということがわかりました。「夢のない話だな」と思われるかもしれませんが、こういった事実から目を背けてしまうと、とても損をします。統計や確率は人の直感と反するものが多く存在しますが、その多くは主観的な見積もりをしているためです。簡単な計算をするだけで冷静になれますので、一度立ち止まってみてください。

第3章

「最も儲かるギャンブル」とは?

―還元率の高い投資の法則―

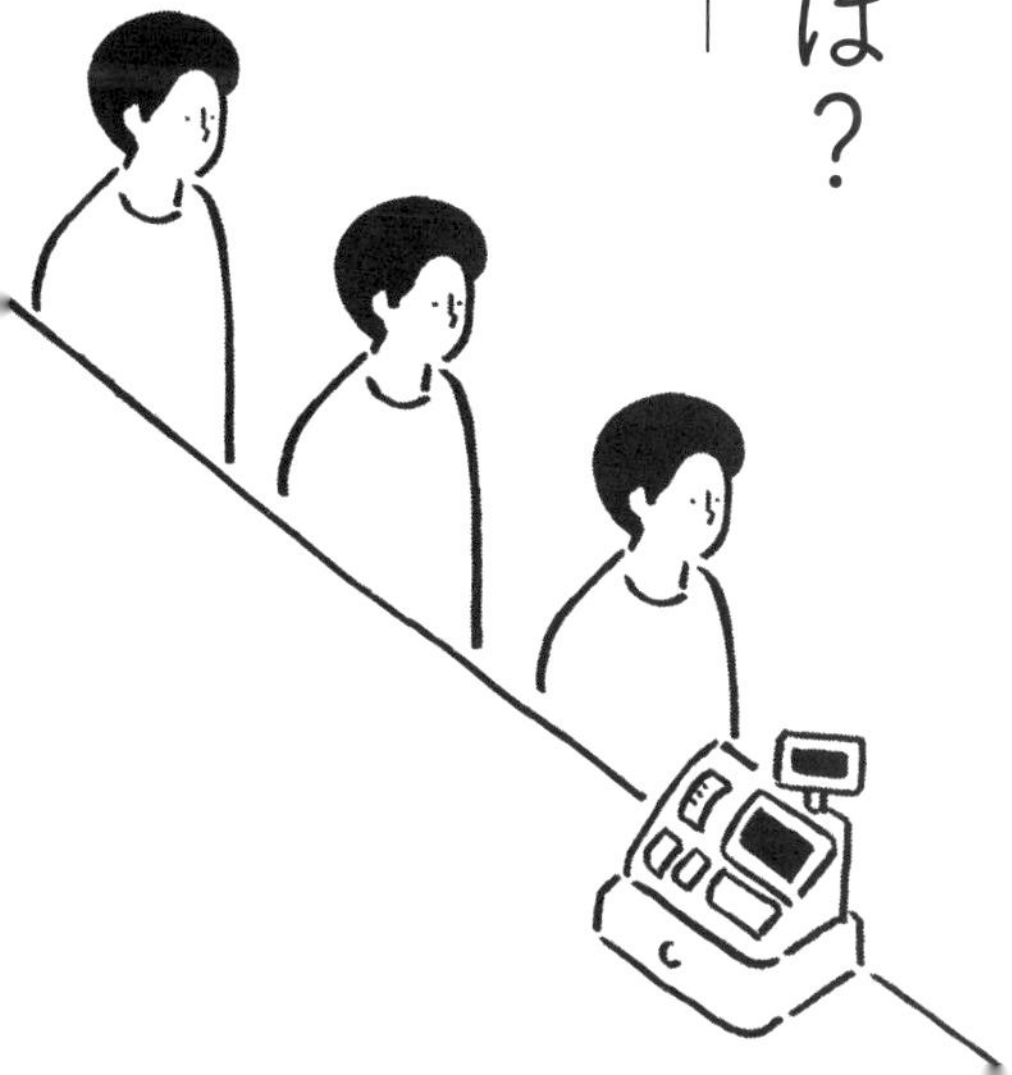

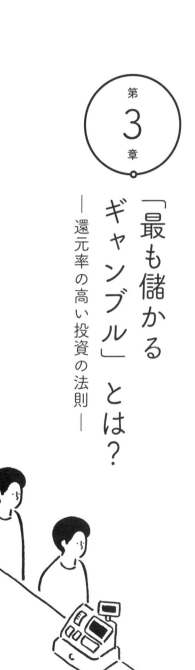

ギャンブル還元率ランキング

胴元がいるギャンブルは、大数の法則によってやり続けるほど損をするということがおわかりいただけたと思います。とはいっても、プロギャンブラーとして生計を立てている人が存在するのも事実です。その人達は、なにか必勝法のようなものを使っているのでしょうか？　一口にギャンブルといっても、ゲームによって還元率に2倍くらいの差があります。ギャンブルの還元率ランキングを見てみましょう（図3－1）。

同じギャンブルでも、カジノの場合は宝くじの倍くらいの還元率です。なぜ、これほどまでに、還元率に差があるのでしょうか。

民営か公営かのラインで大きく違います。公営は、国が「これは、やってもいい賭博《とばく》（ギャンブル）ですよ」として公式に認めているギャンブルです。

図3-1 「ギャンブルの還元率」ランキング

	順位	名前	還元率
民間	1	カジノ	約90~97%
民間	2	パチンコ・パチスロ	約85~90%
公営競技	3	競輪・競艇	約75%
公営競技	4	競馬	約70~80%
公営競技	5	オートレース	約70%
公営競技	6	スポーツくじ	約50%
公営競技	7	宝くじ全般	約40~45%

誤解のないように説明します。前提として、日本では賭博行為は違法です。賭博行為は賭博罪等により刑法で禁止されていて、違反すれば犯罪です。

賭博罪とは、金銭や宝石などの財物を賭けてギャンブルや賭け事をした際に適用される罪です。正式名称は、「賭博及び富くじに関する罪」といいます。仲間内で金銭を賭けた麻雀をした場合でも、罪の意識は低いかもしれませんが、形式上は賭博罪に該当します。

〝男気じゃんけん〟は罪になるか？

賭博罪については、刑法185条と186条が規定しています。185条は「賭博をした者は、50万円以下の罰金又は科料に処する。ただし、一時の娯楽に供する物を賭けたにとどまるときは、この限りではない」と定め、186条は第1項で「常習として賭博をした者は、3年以下の懲役に処する」、第2項で「賭博場を開帳し、又は博徒を結合して利益を図った者は、3月以上5年以下の懲役に処する」と定めています。

普段、なにげなく生活をしていても「それって賭博罪になるかもしれない」ということを無意識でやっていることもあります。例えば、飲み代を賭けた「男気じゃんけん」（じゃんけんで勝った人が飲み代を負担する）です。

男気じゃんけんは罪になるかどうかの判断は、185条に記載の通りです。この記述の中の、「一時の娯楽に供する物」には飲食物が含まれています。男気じゃんけんは、「飲み代」の賭け、つまり本質的にはお金を賭けているのですが、その利用目的は飲食代に充てられると判断できます。TV番組等で男気じゃんけんが大々的に放映されていても、罪に問われていないのはこのためでしょう。

こういった仲間内での賭け事であれば、賭けに参加した人の誰かが通報しない限り、仲間内での賭博は発覚しません。仮に通報したとしても、仲間内での賭博は証拠が残りにくいので、逮捕にいたる現実的な可能性は低いかもしれません。

しかし、金額の大小に関係なく、賭けたお金が1円であろうと100万円であろうと、賭博罪に該当します。以前、野球賭博をしていた力士が捕まったのも、日本では犯罪だからです。賭博行為は、それを取り仕切る者も賭ける者も罪に問われますので、「これって賭博行為では?」と思ったものには、手を出さないことが賢明です。

このように、日本では賭博行為自体は基本的に禁止されているのですが、例外もあります。それが「公営ギャンブル」です。公営ギャンブルは、法定年齢に達していれば、賭けを行うことができます。日本で合法とされている公営ギャンブルは次の5種類になります。

〈公営ギャンブル〉

- 競馬
- 競艇
- 競輪
- オートレース
- くじ（宝くじやスポーツくじ）

どれも国で認められているギャンブルなので、有名なタレントなどを起用したテレビCMや、電車の中吊りなどでも広告をよく目にします。

この5種類に関しては、「日本ではギャンブル禁止ですが、特別に国が認めたギャンブルとしてOKとしている」ということです。国が認めたギャンブルの基準を大まかに説明すると、「地方自治体などの公的主体が運営して、その利益を公的なものに使用するなら認めるよ！　暴力団が介入しないようにね！」というものです。

この5種類の中に、「パチンコ・パチスロ」が含まれていません。公営ギャンブルとして認められていないにも関わらず、広く普及しているのがパチンコ・パチスロです。パチンコは公営ギャンブルではありませんが、「アミューズメント」として、上手に抜け道を作って運営しています。パチンコ店の業種は分類上、風俗営業（風俗営業等の規制及び業務の適正化等に関する法律の4号営業）というものに属しています。

風俗営業とは、客に遊興《ゆうぎ》・飲食などをさせる営業の総称で、ゲームセンターや麻雀店もこれに含まれます。営業許可証を持っている店舗は公安委員会の許可を得て（つまり国によって）営業が認められています。公営ではなく民間で運営されていますが、違法ではありません。公営ギャンブル以外で金銭を賭ける賭博行為は違法になるので、パチンコ・パチスロは店内で出玉を直接現金に換えることはできず、「特殊景品」という現金ではない景品と交換されます。お客さんは、その「特殊景品」を店舗外の場所で現金化します。この「三店方式」というシステムを用いて、法の抜け道を使うことで営業しているのです（図3―2）。

お客さんからしてみれば、パチンコは立派なギャンブルなのですが、仕組み上は「ギャンブルではなくゲームセンターみたいなもの」と考えてください。ちなみに、日本ではカジノは公営ギャンブルでも風俗営業でもないため、現在では営業も遊戯自体も違法行為です。闇カジノに出入りした芸能人や有名人が捕まったり、店ごと摘発されたりしたといった報道があります。

公営ギャンブルは、事業主体の利益ではなく公益を目的に運営しています。全国自治宝くじ事務協議会によると、「宝くじは、販売総額のうち、賞金や経費などを除いた約40%が収益金として、発売元の全国都道府県及び20指定都市へ納められ、高齢化・少子化対策、防災対策、公園整備、教育及び社会福祉施設の建設改修などに使われています」とのことです（図3－3）。

図3-2　三店方式の仕組み

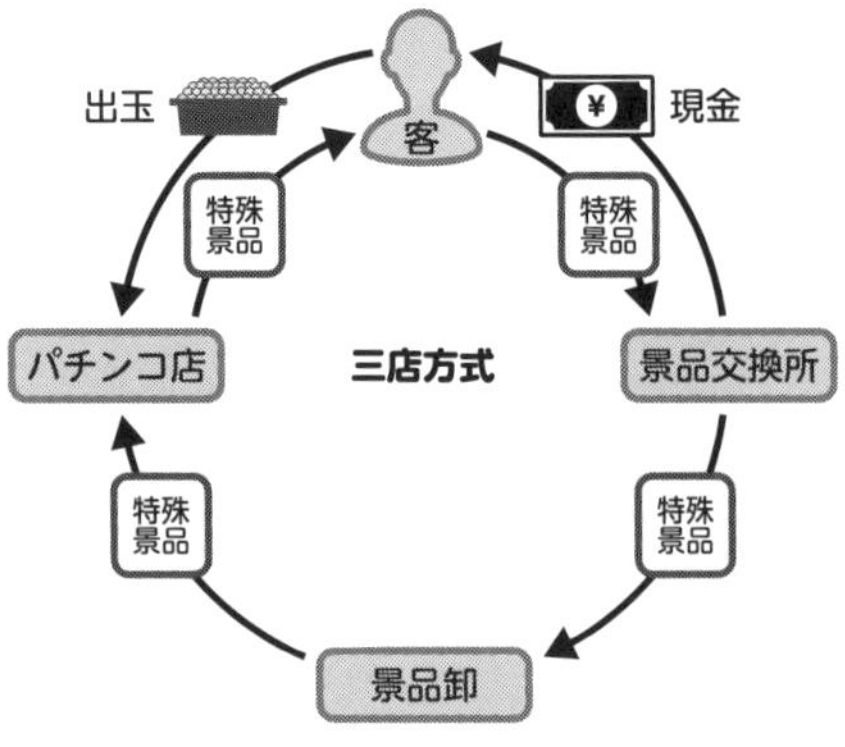

図3-3　宝くじ販売実績額の内訳

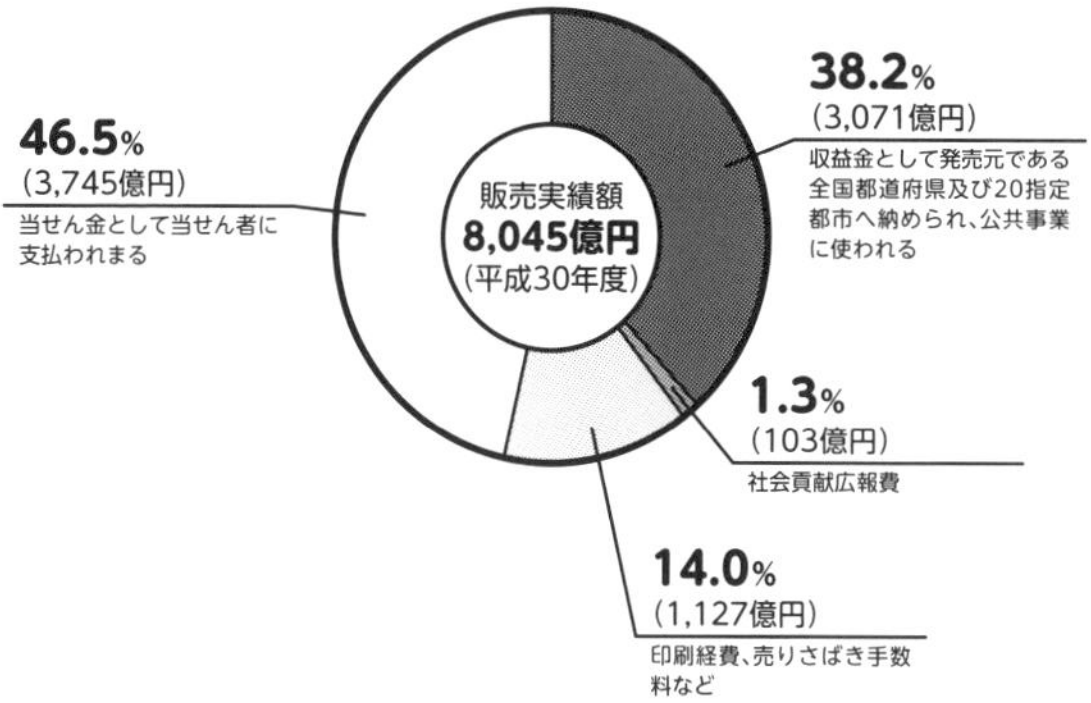

宝くじ公式サイトHPより引用

民営ギャンブル（パチンコ・パチスロなど）の場合はここが丸ごと削れるため、その分、お客さんの還元率も高くなるというわけです。

現在、日本でできるギャンブルの中で一番還元率が高いのは、パチンコ・パチスロということになります。とはいっても、長くプレイを続ければ必ず損をするものです。では、パチプロプレイヤーはどのようにして儲けているのでしょうか？

パチプロプレイヤーの戦略は、副業（ギャンブル以外）で儲けを出しています。例えば、ギャンブル情報誌に記事を書いたり、パチンコ店に営業（サイン会など）に行ったりなどです。最近では、パチンコユーチューバーも存在します。ここが大きな収入源となります。

つまり、本業（パチンコ・パチスロ）は副業をするためのおとりの仕事なのです。本業で収益がトントンか少しマイナスで、副業でまとまった利益を出して本業のマイナスを帳消しにします。胴元のいるギャンブルは、プレイヤーになった瞬間から不利です。パチプロプレイヤーは、本業と副業の二足のわらじを履くことによって、利益を生み出し続けることができているというわけです。

こういったビジネスモデルは、「フロントエンド／バックエンドモデル」ともいわれています。最初に売る商品（フロントエンド）はあまり儲からないけど、認知獲得や顧客体験を増やすことができる。そこから、もっと高額な商品（バックエンド）につなげることで利益を出すということです。シンプルで、取り入れやすいビジネスモデルのひとつだと思います。

還元率の高い賭けかどうかを見破る方法

前述の還元率ランキングでは、公営の中でも宝くじより競馬のほうが還元率は高かったです。そして、民間の中ではパチンコ・パチスロよりカジノのほうが還元率は高いとありました。同じギャンブルでも、還元率が高くなりやすいゲームの法則があります。それは**「プレイヤーの選択肢が多いものほど、還元率が高い」**ということです。

宝くじと競馬で比較してみます。宝くじの場合、売り場に行って「連番で100枚ください」といったように、「バラか連番か」「何枚買うか」の選択しか基本的にはありません。

競馬の場合は、馬券の種類だけで10種類もあります。一番シンプルなものでは「単勝」（1着になる馬を当てる馬券）で馬番号を指定します。少し複雑なものでは、「3連単」（1着、2着、3着となる馬の馬番号を着順通りに当てる馬券）などもあります。また、競馬の場合はそのときの天気や馬の体調、騎手と馬の組み合わせなど、いろいろな要因によって結果が変わってきます。ここが、宝くじと大きく異なるところでしょう。

カジノが、パチンコ・パチスロよりも還元率が高い理由も同様です。パチンコはどの台に座るかがすべてで、初手の選択肢は多いですが、台に座ったあとは「どこを狙って打つか」「いつ止めるか」「ほかの台に移るか」というくらいしか選択はありません。一方、カジノの場合は一手一手のゲームで、毎回主体的に選択をしていることがほとんどです。このように考えると、選択肢の多いゲームを選び、その中で確率の高い選択肢を選び続けることが負けないための最善のセオリーになります。

この法則は、資産運用にも当てはめることができます。「選択肢が多いほど勝てる」法則からいうと、「ビジネスをしましょう」という結論になります。還元率は100％を超える上に、選択肢は無限大です。ただし、いくら選択肢の多いものに手を出しても、戦略や戦術を持たない適当な選択ではもちろんダメです。勝率の高い選択肢を見極める目を養い、勝率自体を上げ続けることが大切です。

マーチンゲール法で勝てるのか

カジノゲームで「必勝法」とされているもののひとつに、「マーチンゲール法」があります。別名「倍賭け法」といい、勝負をして負けたときに、ベット額を2倍にすることで負けた分を取り戻す賭け方です。カジノ以外にもFX取引などでも使われています。

ギャンブラーの間では、「絶対に負けない」といわれている有名な必勝法のひとつです。理由は、どれだけ連敗が続いても1回の勝利ですべての損失を取り戻すことができるからです。その理屈を説明します。

まずはマーチンゲール法の基本的な手順に関してです。選ぶゲームは勝率50％、配当が2倍のものを選択します。ここでは、ルーレットの赤黒ベットを例に説明します。

①初回に、ベットする金額を決める
②勝敗によって次のゲームのベット金額を変える

負けた場合：次の勝負では倍の金額を賭ける
勝った場合：攻略法をリセットして初回ベット金額に戻る

ルールは基本的にこの2点で、とてもシンプルです。

では、実際にシミュレーションをしてみましょう（図3－4）。

ここまでのトータルでは31ドルをベットしたことになります。最後の勝負では16ドルをベットして勝ったので32ドルが返ってきます。すると、最終的には「初回ベット額分だけ」利益が出ることになります。これがマーチンゲール法の仕組みです。マーチンゲール法では、連敗が続いたとしても1回勝てば負け分を取り戻すことができるわけです。

この方法の落とし穴は、元手がかなり豊富にないと利益が出ないということです。マーチンゲール法はあくまで「大きく負けない方法」であって、「勝つための方法」ではないのです。1時間かけてゲームをして最終的に1ドル儲けたのなら、アルバイトをしていたほうがよほど生産的です。

「ギャンブルに必勝法はない」ということをお伝えした上で、強《し》いて統計学的なギャンブルにおける一番の必勝法を挙げるとするならば、**「ビギナーズラックで勝ち逃げすること」**です。ギャンブルプレイヤーの間で「初心者のほうが当たりやすい」ということが、しばしば囁《ささや》かれます。ルールも知らずに初めてやったギャンブルで大当たりをすることがあるのですが、私からの提案は「そこで止めておきましょう！」ということです。

前述したように、大数の法則によってやればやるほど損をしていくのがギャンブルです。しかし、試行回数が少ない段階ではその確率

図3-4　マーチンゲール法の賭け方

ルーレットの「赤」に1ドルをベット→負け
負けたので、ルーレットの「赤」に2ドルをベット→負け
負けたので、ルーレットの「赤」に4ドルをベット→負け
負けたので、ルーレットの「赤」に8ドルをベット→負け
負けたので、ルーレットの「赤」に16ドルをベット→勝ち

ゲーム回数	1回目	2回目	3回目	4回目	5回目
ベット額	1ドル	2ドル	4ドル	8ドル	16ドル
勝敗	負け	負け	負け	負け	勝ち
収支	**−1ドル**	**−3ドル**	**−7ドル**	**−15ドル**	**+1ドル**

はブレるのです（詳しくは第4章参照）。確率のブレこそが、「ツイている」「ツイていない」の「ツキ」の本質です。

長期戦になればトータルでは負けるけれど、ビギナーズラックで大当たりの時点では還元率が100％を超えることもめずらしくありません。この状態のときに、是非とも勝ち逃げしましょう。「ビギナーズラックで大当たり」を経験することでギャンブルに味をしめてしまうと、ギャンブル沼に引きずり込まれ、胴元の思うツボです。

何度もいいますが、胴元がいるギャンブルでプレイヤーとしてゲームに参加した時点で、かなり分の悪い戦いなのです。しかし、カジノゲームの中でも、やり方によっては還元率が100％を超えるゲームがあります。それが「ブラックジャック」です。ただし、ブラックジャックの一流プレイヤーは「ギャンブル」をしません。どういうことでしょうか。

2011年、ブラックジャックで一夜にして600万ドルを儲けたドン・ジョンソンという男性がいます。ドンはいっさいインチキをせず、特殊なテクニックも使っていません。ドンは競馬の勝率を計算する会社の経営者でした。彼はゲームにすごく詳しいわけではなく、数字と交渉に強かったのです。

2008年の景気後退（リーマンショック）以来、カジノは経営状態が厳しく、収益のかなりの部分が超高額を賭ける客（ハイローラー）から得ていました。ハイローラーを店に引き留めるため、いくつかのカジノでは「10%の損失をハイローラーに払い戻す」というキャッシュバックを提供する店が現れました。ドンはこれを、「20%のキャッシュバック」にするよう店と交渉しました。例えば、ドンが100万ドルを賭けて勝利した場合はすべてドンの懐《ふところ》へ、負けたとしても20万ドルは戻ってくるということです。

また、ドンは自分に有利なゲームルールを持つカジノを探しました。ブラックジャックはカジノによってルールが細かく異なります。ドンが好むルールを持つブラックジャックのカジノを見つけ、ハイローラーを餌《えさ》にカジノ側に有利な交渉を持ちかけたのです。

いくつかの条件でゲームをした結果、ドンは三つのカジノから半年で1500万ドル（16億5000万円）を獲得したのです。ドンは「アトランティックシティだけじゃなく、ラスベガスのどこのカジノでも私はもう歓迎されないよ」といっています。

ギャンブル界では「胴元が必ず勝つ」といわれてきましたが、少なくともドンの物語は、カジノの世界で常識を覆す前代未聞のサクセスストーリーになりました。「プレイヤーは、既定のルールの中で戦わないといけない」という思い込みを消し、自らが有利になるようなルールを提案したのです。その結果、胴元とプレイヤー（ドン）の優位性が逆転しました。もちろん、1回ごとのゲームで負けることはありましたが、確率が味方をしているので、長くゲームを続けるほどいい結果を残せるという大数の法則のセオリーに従ってプレイした結果、勝ち越すことができたのです。

「一流のギャンブラーは、ギャンブルをしない」というのは、「そもそも勝てない土俵や五分五分の土俵では戦わず、勝てる土俵だけで勝負する」という戦略なのです。数字に強かったドンは、自らが勝てる土俵と勝てない土俵を計算によって割り出し、勝てる土俵で、適切に勝負をしていたというわけです。

麻雀であれば、記憶力の良さや確率計算ができる人が強く、ポーカーは確率計算だけでなく心理戦に強い人が勝つゲームだといわれています。私たちはなにかを選ぶとき、まずは選択肢を増やし、その中で自分が勝ちやすいゲームをプレイするというのが、ギャンブルに限らず、あらゆる意思決定において重要なことです。

第4章

早く進むレジ行列の見つけ方

―標準偏差とリスク―

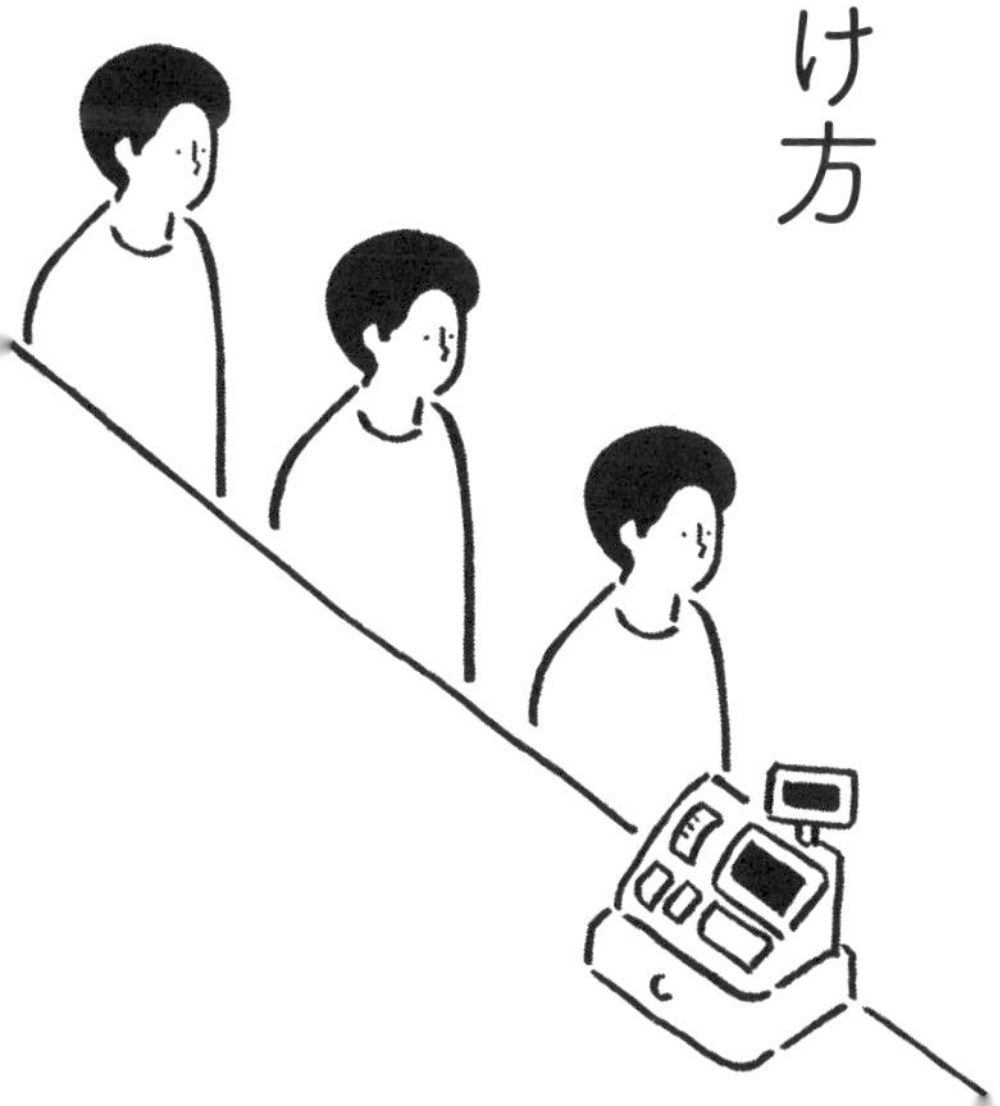

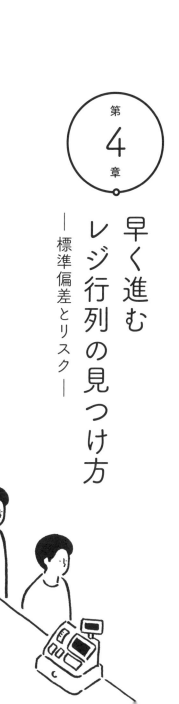

早くレジを通過するためのポイント

スーパーのレジ、病院の診察室、銀行のＡＴＭ、空港の搭乗手続きなど、世の中のいたるところで順番待ちをする人の行列（待ち行列）が見られます。

一生のうちに、レジに並んでいる時間はどのくらいでしょうか。まずは、レジに並ぶ回数を計算します。寿命を80年として、20歳から毎日なんらかの買い物をしてレジで会計をすると仮定すると、（80－20）年×３６５日＝2万１９００回ということになります。

統計学を応用するには、このように「頻発するような出来事」のほうが効果は高いといえます。その理由に、第1章で解説した「大数の法則」が働くためで、日常生活のよくある出来事ほど統計的な視点を入れたほうがお得、ということです。

一生でレジに並ぶ回数2万１９００回のうち、半分が「前の人の会計を並んで待っている状態」で、平均3分待つとします。すると、次のような計算式になります。

21,900回×1/2×3分＝32.850分＝547.5時間＝約23日間

成人してからの人生の中で、約23日間も「ただ並んで待っているだけの時間」（自分が会計をしている時間は含まない）があるということです。

移動時間であれば、本を読んだり音楽を聴いたりできますが、商品を持ちながら並んでいてはそうもいかないでしょう。だとすると、なるべくこの時間を短縮したいと思うのも当然です。

迎える側の企業としても、お客さんの待ち時間が少なくなることで、お客さんの満足度が向上し、業績のアップにつながるはずです。

そんなときに役に立つのが、「待ち行列理論」です。この理論を使って、なるべく待ち時間の少ないレジに並ぶ、レジ戦争を勝ち抜く方法を紹介したいと思います。

みなさんは、「混んでいる時間帯のスーパーで、どのレジに並ぶのか？」をどのようにし

て決めていますか？

- 待っている人数が少ない
- 待っている人のかごの中身が少ない
- レジ係の手際の良さ

一番多い回答は、「待っている人数が少ない」ではないでしょうか？　しかし、この選び方は、あまりおすすめできません。のちほど説明しますが、待ち人数よりも**「そのレジがどれだけスムーズに流れているか」**のほうが、レジ戦争では大事だからです。飲食店などでは、このことを「回転率」といいます。

お昼時の立ち食いそば屋さんは、行列ができていたとしても、案外すぐに食べられます。これは回転率がいいからです。レジにも、この回転率なるものが存在します。正確には、回転率ではなく「そのレジの混み具合」を計算します。

ここからちょっとした計算が出てきますが、苦手な方は読み飛ばしていただいてかまいません。結論だけを知りたい方は、後述の「レジがスムーズかを見極めるポイント」をご覧ください。

混み具合は、「そのレジにお客さんがどのくらい頻繁にくるか（A）」「レジ係の手際の良さ（B）」で決まります。もう少し正確に表現すると、

A：1時間のうちにお客さんが何人くるか
B：1時間のうちに何人のお客さんの会計ができるか

この二つの変数を使って、推定待ち時間を計算するのが待ち行列理論です。

$$\frac{\text{A：1時間のうちにお客さんが何人くるか}}{\text{B：1時間のうちに何人のお客さんの会計ができるか}} = \text{レジの混み具合（稼働率）}$$

お客さんをさばける数（B）に対して、それを上回るお客さん（A）が並んでいると、A

／Bは1を超えます。これを、その「レジの稼働率」ともいいます。稼働率が100％のとき、1時間レジが休みなく動いている状態ということになります。

これが100％を超えると、レジでいくらお客さんをさばいてもさばいても行列が長くなっていく状態、ということになりますが、普通はこの稼働率は100％未満になっているはずです。

例えば、以下のような状況を想定します。

あるスーパーマーケットの夜8時台では、平均5分間隔でランダムにお客さんが会計にくる。稼働しているレジの台数は1台であり、1時間で30人の会計ができる。この状況のときの稼働率はいくつでしょうか？

A：1時間のうちに、お客さんが何人来るか　↓60÷5＝12人
B：1時間のうちに、何人のお客さんの会計ができるか　↓30人

この時の稼働率は、

A/B ＝ 12/30 ＝ 0.4

稼働率は、40%［夜8時台では40%（24分）レジが稼働している状態］ということになります。稼働率が１００%未満ということは、お客さんが並ぶペースよりもレジの処理能力のほうが高いので、一時的に2人以上並んでも「いずれ、行列は収まる」という状態です。

あなたはそのスーパーの常連で、仕事帰りに夕飯を買って帰るのが日課です。「夜8時頃に買い物に行くと、レジには1人並んでいるかいないかくらいで、空いていて快適だな」と思ったとします。この感覚は、正しいかどうか調べてみましょう。

待っている人の人数は、

(A/B) / {1 − (A/B)}［人］

で、計算できます。

先ほどの計算で、A／B＝0・4というのがわかっているので、それを代入すると、

= 0.4 / (1 − 0.4)

= 2/3［人］

となります。

「どうしてこういう計算をするのか？」ということは、今は置いておきます。2／3［人］は「自分の前に何人待っているか？」を表します。「この時間帯にスーパーのレジに行った場合、1人並んでいるかいないかくらいの混み具合」ということになります。

そして、このときのレジを待つ時間は、「待っている人の人数×平均レジ通過時間」で計算できます。

平均レジ通過時間は、

（1［時間］）／（B：1時間のうちに、何人のお客さんの会計ができるか）

で計算できますので、

1/B＝1/30［時間］＝2［分］

「待っている人の人数×平均レジ通過時間」に当てはめると、レジ待ち時間が計算できます。

2/3［人］×2［分］＝4/3［分］＝80［秒］

「夜8時台にこのスーパーに行くと、レジに1人いるかいないか（2／3人）くらいの待ち人数で、自分の会計をしてもらうまで平均80秒待ち」

という解釈で、先ほどの感覚は合っているといえるでしょう。

レジ待ち時間を決めるのは、「そのレジにお客さんがどのくらい頻繁に来るか（A）」「レジ係の手際の良さ（B）」ということがわかりましたが、多くの人は「どのレジに並ぶか」を考えるとき、まずは「そのレジに並んでいる人数（列の長さ）」を見て、どこに並ぶかを決めていると思います。

しかし、大抵は「待ち行列はどこも大差ない」はずです。レジの処理速度が早ければ、その分待ち人数は減っていくため、たくさんの会計処理ができるところほど人が流れて頻繁にお客さんが来ます。

つまり、「そのレジにお客さんがどのくらい頻繁にくるか（A）」ということも、「レジ係の手際の良さ（B）」に依存しているといえるでしょう。その時点での「レジごとの待ち行列の長さ」を見るよりも、「どこがスムーズに回転しているか」を見極めたほうが、早くレジを通過できます。

レジがスムーズかを見極めるポイント

では、どこのレジがスムーズに回転しているのかの見極め方を紹介します。

①2人体制のレジに並ぶ

具体的には、2人体制でやっているレジに並ぶのが最善です。これが意外と盲点です。会計には、大きく分けると「スキャニング」と「会計」の二つのプロセスが存在します。スキャニングは商品のバーコードを読み取る作業で、会計はお金をもらってお釣りを渡す作業です。ここではこの二つを併せて「レジ通過」と呼ぶことにします。

店員Aさんがスキャニングをしているときに、店員Bさんが別のお客さんの会計をするという同時処理が可能です。POSシステムなどを製造・販売している株式会社寺岡精工の調査によると、購入点数が10点の場合、スキャニングの平均時間は約27秒、会計は約21

秒という結果が出ています。スキャニングと会計はおおよそ同じくらいの速度なので、2人体制にすることで処理量は2倍近くに上がることになります。実際には、購入点数や決済方法によってバラつきがあるので、2倍の処理量にはならないと思います。しかし、ここでは単純化するため2倍と仮定します。

例えば、ポイント10倍デーの夜8時台はレジを2台稼働させる。二つのレジともに平均5分間隔でランダムにお客さんが会計にくるとします。

- ひとつ目のレジは1人体制で対応しており、1時間で30人の会計ができる
- 二つ目のレジは2人体制で対応しており、1時間で60人の会計ができる

とすると、まず1人体制のレジの待ち時間は前述の計算と同じです。では、2人体制のレジの待ち時間はどうなるでしょうか？

A：1時間のうちにお客さんが何人くるか　↓12人（レジ1人体制と同じ）

B：1時間のうちに何人のお客さんの会計ができるか

→60人（レジ2人体制で、1時間の処理量が2倍に増えたと仮定）

A/B：稼働率（レジの混み具合）
→12/60＝1/5

(A/B)／1－(A/B)：待ち人数
→(1/5)／1－(1/5)＝1/4［人］

1/B：平均レジ通過時間
→1/60［時間］＝1［分］

待ち人数×平均レジ通過時間：待ち時間
→1/4［人］×1［分］＝1/4［分］＝15［秒］

図4-1　レジ1人体制と2人体制の待ち時間の比較

	A	B	A/B	待ち人数	待ち時間
レジ1人体制	**12人**	**30人**	**2/5**	**2/3人**	**80秒**
レジ2人体制	**12人**	**60人**	**1/5**	**1/4人**	**15秒**

A：1時間のうちにお客さんが何人くるか
B：1時間のうちに何人のお客さんの会計ができるか
A/B：1時間あたりにレジが稼働している割合（稼働率）
待ち人数：レジに並んでいるお客さんの数
待ち時間：レジに並んでから自分の会計までの時間

レジが2人体制になったことで、待ち時間が80秒から15秒と5倍以上も短縮されました。処理量が2倍になったことで待ち時間が半分になるわけではなく、もっと短くなる、ということがわかりました（図4－1）。

「処理量が2倍になると待ち時間は半分どころかかなり減る」ということを覚えておくと、2人体制のレジがある場合、待ち人数が1～2人多くてもその列に並んだほうが会計が早く終わる、ということです。

②空いているレジに並ぶ

レジが混んでいるとき、使っていないレジが開放されて「お次にお待ちのお客様、こちらのレジへどうぞ～」と声をかけられます。つまり、レジの数が倍になるのです。この場合も、稼働率が半分になったと考えるので、前述の計算と同じように、待ち時間は80秒から15秒に短縮されます。ただし、この方法は運よくレジ開放イベントに遭遇できた場合なので、確実性は①に劣ります。大手スーパーでは、「3人並んだら空レジを開放する」という基準を設けているところがあるので、3人くらいが並び始めたら、空レジの隣レジに並ぶとよいかもしれません。

③手際が良いレジ係に並ぶ

レジの仕事というのは、単純作業な部分ばかりではありません。商品が痛まないように精算カゴに入れる順番を考えたり、タッチパネルの操作を覚えたり、イレギュラーな対応を求められることもあります。ベテランのレジ係は、正確かつスピーディーに作業ができるので、処理能力が優れているといえます。「新人さんが担当するレジに並びたい」という人以外は、急いでいるときは手際の良さそうなレジ係のレジに並びましょう。

④かごの中見が少ない人がいるレジに並ぶ

1点の商品につきスキャニングに約3秒の時間がかかるので、なるべくかごの中身が少ない人がいるレジに並ぶのがいいでしょう。といっても、現実的にはそこまで見分けがつかなく、仮にひとつのレジのお客さんのかごだけ商品数が半分だとしても、会計の時間が短縮されるわけではありませんので、そこまでの効果は期待できないでしょう。

レジに並ぶとき、目の前の行列や並んでいる人たちのかごの中の商品数をなんとなく見て、「こっちかな」と選んでいる人がほとんどではないでしょうか。しかし、その先にあるレジ係の手際の良さを無視してはいけません。セルフレジの場合でいえば、有人レジと比べると、圧倒的に「1時間のうちに、何人のお客さんの会計ができるか」が劣ります。

セルフレジを使ったことがある人はわかると思いますが、「スキャンしていない商品がかごにあるようです。取り除いて下さい」と怒られたりして、会計がなかなかスムーズにいかないものです。そういった理由から、私は基本的に有人レジを利用していました。

ある日、母とスーパーマーケットに買い物に行ったときのことです。レジが少し混んでいたのですが（各レジ2人くらいの待ち行列）、それでも私は有人レジに並ぼうと思ったところ、母に「こっち！」と促され、セルフレジへ連れて行かれました。「普通の（有人）レジのほうが早いと思うよ?」といったら、母に「私は、待つのが嫌なの！」といわれました。量も少なかったので、「まあ、いいか」とそのときは思いました。結果的に、有人レジに並んでいた人のほうが先にレジ通過してしまい「ほらね」と思いましたが、有人レジの場合は「なにもしないでただ待つ」時間は確かに長いのです。

セルフレジは「自分でスキャニングをする」という動作が発生するので、レジ通過時間が長かったとしても、「待つのが嫌」という心理的負担は軽減できているのかもしれません。

最近では、「スキャニングはレジ係がして、会計だけセルフ」というセミセルフレジも普及しているようです。私は、このセミセルフはとてもいいと思っています。その理由を、統計学的に説明しましょう。

レジ通過を細分化すると、スキャニングと会計の二つの動作があると先ほど述べました。このうち、会計にかかる時間はだいたい10～30秒（仮に、平均20秒とします）。時折、小銭を頑張って数えて出そうとしているお客さんが、ほかのお客さんに白い目で見られたりもしますが、かかる時間はそこまで大きく変わらないと思います。では、「スキャニング」に関わる時間はどうでしょうか？「そんなの人によってバラバラじゃない？」と思うのではないでしょうか。

「一人ひとりのデータのバラつき」のことを、統計学では「標準偏差」という指標で表します。標準偏差が大きいほどデータのバラつきが多く、小さいほどバラつきが少ないことを表しています。

例えば、とある学校で国語と数学のテストをしました（図4－2）。

平均点は、どちらも50点でした。しかし、点数のバラつき具合はどうでしょうか？　数学のほうが、点数のバラつき具合が大きいです。標準偏差の計算方法は一旦置いておきます。ただ、「データを要約するときには、平均だけでなくデータのバラつき具合を表す『標準偏差』という指標があるんだな」くらいに思ってください。

統計学は、未来予測と原因追求に活用される学問ですが、日常生活では特に「未来を予測する」ときに標準偏差が有効です。

例えば、待ち合わせ場所に今から15分後に急いで行かないといけないという状況だったとします。あなたは車を持っていません。徒歩で15分くらいかかる距離です。タクシーでは平均5分。タクシーを捕まえるまで平均3分はかかるとします。これだけの情報であれば、おそらくタクシーを呼ぶと思います。

ただ、ちょうど道路が混んでいる時間帯で、タクシーもすぐに捕まるとは限りません。そんなとき、こう考えませんか？「タクシーをうまく捕まえられれば、早く到着できるかもしれない。でも渋滞にハマったら、待ち合わせにかなり遅れそうだ。あの人は時間に厳しいし。タクシーはちょっと時間が読めないな。でも、徒歩15分はちょっと長い。ああ、どうしよう」。こういった場面を経験したことがあるかと思います。

この「ちょっと読めないな」というのは、タクシーの場合は「想定できる到着時刻のバラつきが大きすぎて読めない」という意味で使っているはずです。つまり、標準偏差という言葉を知らなくても、誰しも「データのバラつき具合」を感覚として持っているものなのです。このケースでは、少し悩んだ挙句「徒歩で行く」という選択をするはずです。なぜなら、徒歩では渋滞にハマることはなく、「徒歩15分」というデータはそれほど誤差がないはずだから、もし遅れても数分程度だろうと

図4-2 とあるクラスの国語と数学のテスト結果

科目(点数) ＼ 生徒	田中	鈴木	遠藤	武田	山田	橋本	黒井	岩本	伊藤	安藤	合計	平均	標準偏差
国語	44	61	65	63	40	41	53	56	40	37	500	**50**	**10.23**
数学	24	76	78	64	32	27	55	62	59	23	500	**50**	**20.41**

考えるからです。

このように、**未来を予測するときには、平均だけではなく「データのバラつき具合」という概念を取り入れて意思決定していきます。いうまでもありませんが、「データのバラつき具合」が小さいものを選択するほうが良い意思決定といえます。予測の精度が上がるからです。**安定して締め切りの前日には仕事を納める人と、締め切りの数日前に納めることもあれば、ギリギリになって納めることもある人がいたとしたら、安定している人（納期にバラつきが少ない人）に仕事をお願いすると思います。

話をセミセルフレジに戻します。一般的な有人レジでは、スキャニングの時間と会計の時間のどちらが標準偏差（バラつき）が大きいでしょうか？　スキャニングです。それは、セルフレジ（スキャニングも会計もセルフ）の場合でも、スキャニングのほうが標準偏差が大きいことに変わりないと思います。

では、有人レジとセルフレジで同じ買い物量だった場合、スキャニングの平均時間はどちらが長いでしょうか？　これは、セルフレジです。レジ係は訓練を受けているので一定のスピードでスキャニングできますが、そうでない人のスキャニングは手こずることが多いためです。同様に、有人レジとセルフレジで同じ買い物量だった場合、スキャニング時間の標準偏差はどちらのほうが大きいでしょうか。これは、セルフレジです。訓練をすることで、レジ係はバラつきの少ない一定のスピードで処理できるのに対し、お客さんの場合は慣れている人と不慣れな人でも差が出るためです。

一方で、会計時間の平均時間と標準偏差は、有人レジとセルフレジではそれほど変わらないといえます。セミセルフレジでは、スキャニングというバラつき（標準偏差）が大きい部分を有人に対応させることでバラつきを小さくしつつ、（セルフスキャニングより）平均スピードアップもできる。会計というバラつきが少ない部分に関しては、セルフでも問題ない（その間に次の人のスキャニングができる）という合理的な仕組みだと思います。

参考までに、会計時間をより短縮するためには、キャッシュレス払いをおすすめしています。株式会社ジェーシービーの調べによると、現金払いとキャッシュレス払いでは、平均16秒も会計時間に差が出るようです（図4－3）。この調べでは、「キャッシュレス払いよりも、現金払いのほうが、平均時間が長い」という結果しか触れていませんが、バラつきにも注目してみます。現金払いとキャッシュレス払いでは、どちらのほうがバラつきが小さいと思いますか？　それはキャッシュレス払いです。

現金の場合は、小銭を出すのに時間がかかる人がいるけれど、キャッシュレスの場合は、一定の決まった動作（交通系ICであればタッチするだけ）しか行わないので、バラつきは小さいはずです。つまり、キャッシュレス払いというのは、支払いスピードの面でも、バラつきの面でも、優れた決済方法ということになります。

　普段の買い物で決済方法を完全にキャッシュレスへ移行すると、自由に使える時間が年間約3時間増加する、という試算も出ています。「できる人は仕事が早い」とは、よくいわれますが、「できる人はレジが早い人」といっても過言ではありません。

図4-3　キャッシュレスと現金の決済速度差

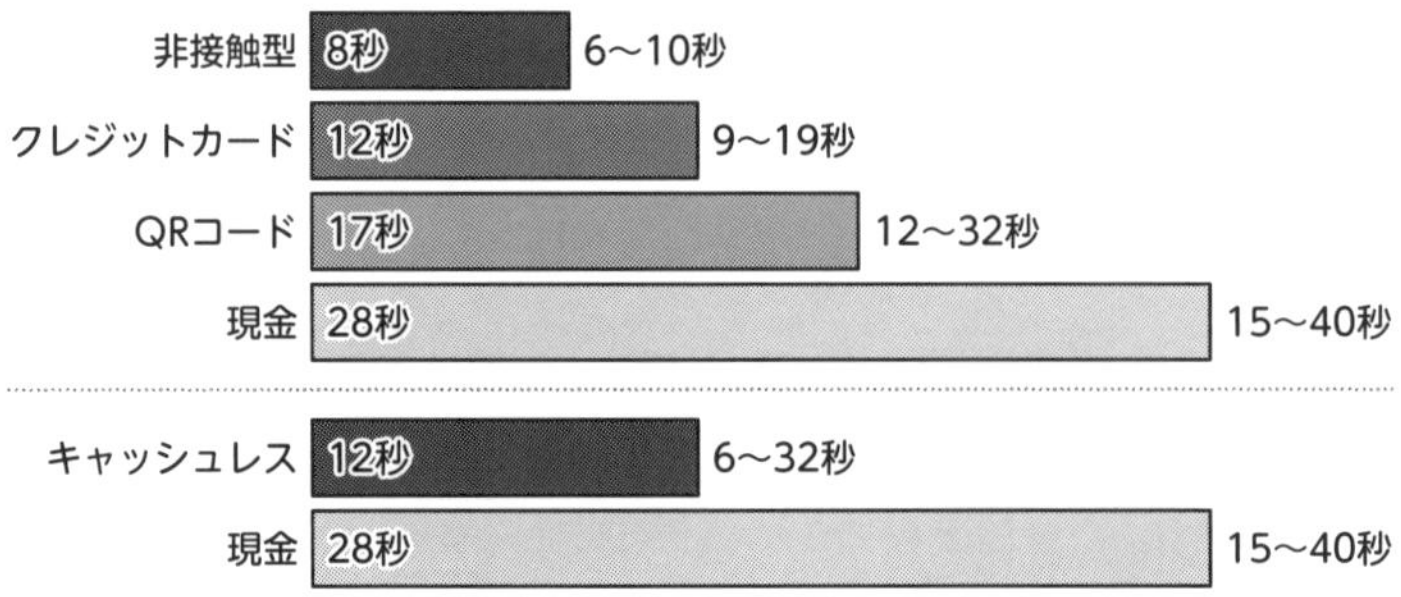

上段）現金、クレジットカード（サイレンス）、非接触型（QUICPay™）、QRコードの決済速度の差
下段）現金、キャッシュレスの決済速度の差

株式会社ジェーシービーHP（http://www.global.jcb/ja/press/00000000162855.html）より引用

リターンとリスクを正しく理解する

なんらかの予測をするときに、「どのくらいのリターンが見込めるか？」を考える人は多いと思います。リターンの指標は、主に平均値を用います（第2章参照）。

しかし、不確実な未来を予測するときに、リターンだけで考えるのは良い意思決定とはいえません。予測した値から実際の結果がブレることがあるからです。「予測した値からどのくらいブレそうか？」というものが「リスク」です。

「リスクを取る」という言葉は日常的に使われていますが、その意味を正しく理解できている人は少ないようです。

リスクのことを、マイナスのリターンのことだととらえている人がいますが、統計や投資の世界では予測と結果のブレのことを指します。「リスクが大きい」といったら、「予測と結果のブレが大きそうだ」と解釈します。リスクの大きさは、標準偏差で表わします。リスクは「なるべく小さいほうが、予測したものから大きくズレることはないだろう」と考えます。また、「リスクヘッジ」というのは、結果が悪い方向にブレたときにかけておく保険のことです。

なんらかの意思決定をするときは、リターンだけでなく、「予測したものから結果がどのくらいブレそうか？」ということを考慮して決断しましょう。

第5章

早生まれはスポーツ選手になれない!?

―相関と因果関係―

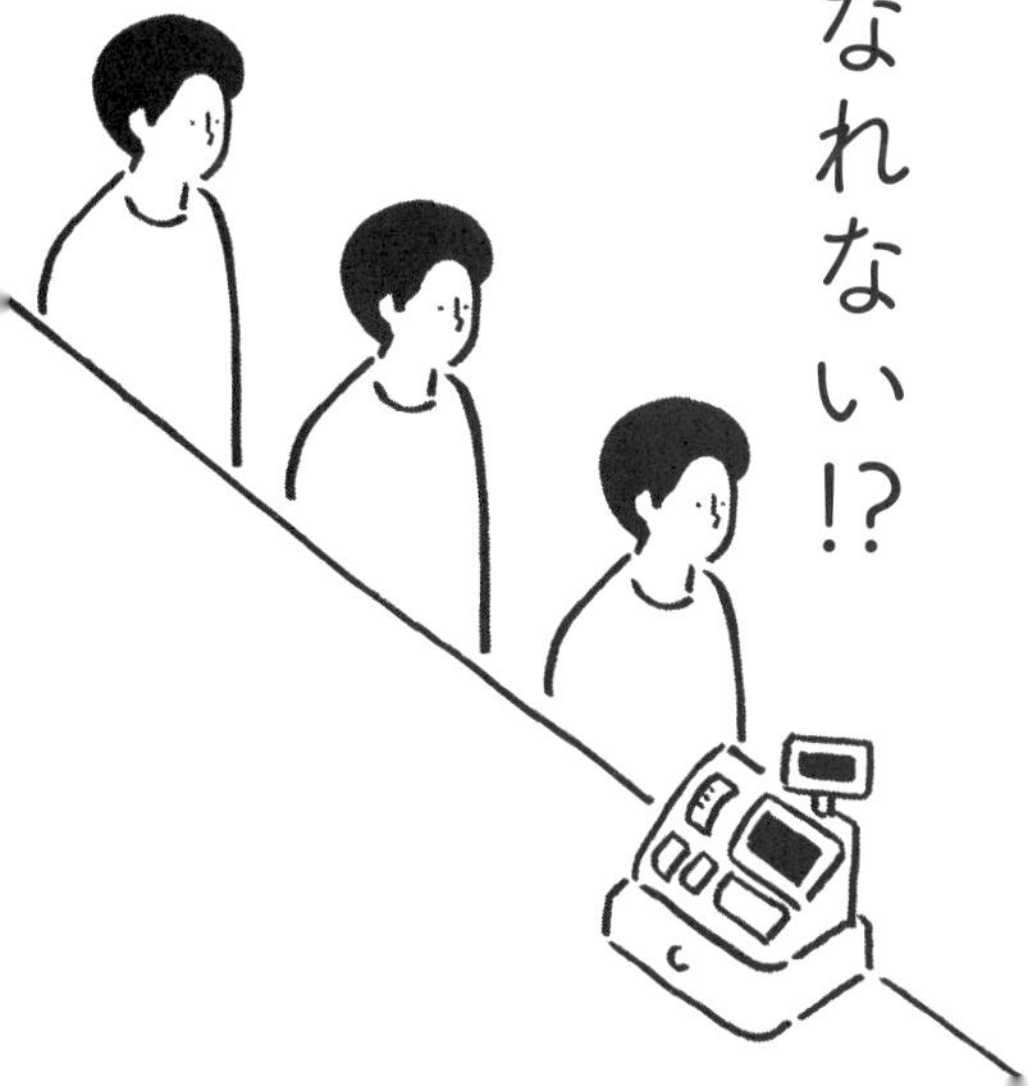

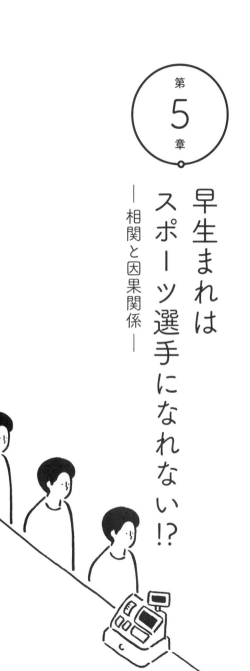

数字はウソをつかない

クイズです。
以下の中で、正しいものはどれでしょうか？

①警察官が多い地域は、犯罪件数が多い
②アイスが売れる日は、水辺で事故がよく起きる
③体重が重い小学生ほど、足が速い

答えは、「すべて正しい」です。

「え、そうなの？」と思った方、統計のトリックに騙《だま》されています。世の中には、「これをすればこうなりますよ」というような、謳《うた》い文句であふれています。しかし、それをその

まま鵜呑《うの》みにしてはいけません。ご丁寧に、モニターさんのビフォーアフターの写真が載っていたら、「私もこうなれるかも！」と信じてしまいがちですが、一旦立ち止まりましょう。データそのものは正しくても、見せ方ひとつで、人の印象を操作することができるからです。

数字はウソをつきませんが、人間はウソをつきます。データ社会では、数字のウソを見破れるようにならなければいけません。空き巣の対策を取るなら空き巣の手口を知る必要があるように、数字に騙されないためには数字による騙し方を学ぶ必要があるのです。

まずひとつ目の「警察官が多い地域は、犯罪件数が多い」ですが、データとしては「正しい」です。では、「警察官を減らせば、犯罪は減るということ？」という解釈は正しいでしょうか？　答えは「ノー」です。こういったデータになる理由のひとつに、「人口が多い地域ほど警察官は多い。人口が多い地域ほど犯罪件数は多い。よって、警察官が多い地域は犯罪件数が多くなる」ということです。

これは、第2章で説明した「毎年あの宝くじ売り場で高額当せんが出るのは本当なのか」

が数学法則としては正しいが、当たる数と当たる確率は別物である、という話と同じです。

二つ目の例、「アイスが売れる日は、水辺で事故がよく起きる」ですが、こちらもデータとしては「正しい」です。では、「アイスを売らなければ、水辺での事故は減る」のでしょうか？　答えは「ノー」です。アイスがよく売れる日というのは夏場です。夏場は、海水浴や川遊び、プールなどへ出かける人が多いため、水辺の事故の件数が多くなります。アイスの販売を規制したからといって、事故の抑止にはつながらないでしょう。

三つ目の例、「体重が重い小学生ほど、足が速い」ですが、こちらもデータとしては「正しい」です。では、「たくさん食べて太れば、足が速くなるのでは？」という解釈は正しいでしょうか？　答えは「ノー」です。体重が重い児童は、高学年に多いですよね。高学年の児童は、低学年の児童よりも足が速いです。したがって、「体重が重い小学生ほど、足が速い」という関係になるということです。

わかりましたか？　ひとつ目の例では、「人口」が、二つ目の例では「季節（気温）」が、

図5-1　身長と体重の関係

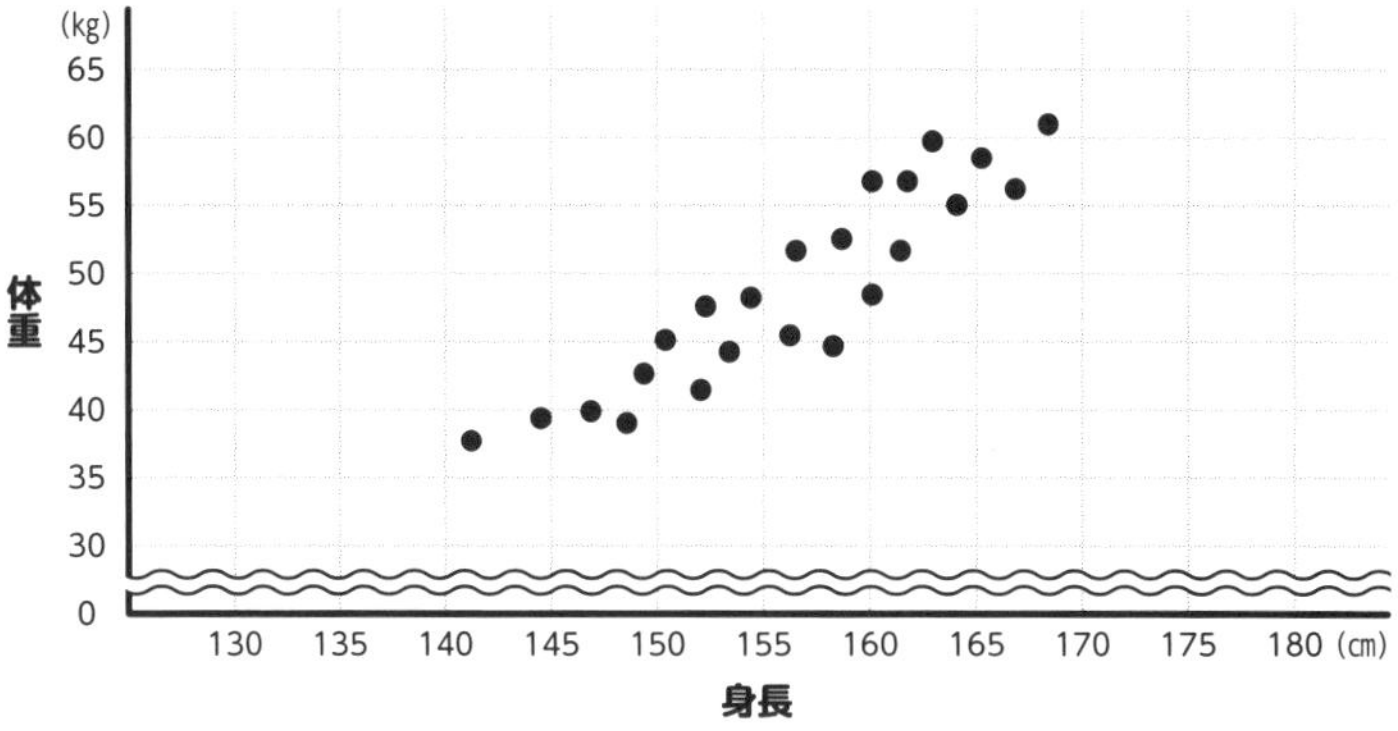

東京都総務局統計部HP「中学生のための統計学習 まなぼう統計」より引用

三つ目の例では「学年（年齢）」が、本当の原因として隠れていました。本当の原因ではないものを操作しても、結果には影響しないのです。このように、相関関係を因果関係と混同してしまうことを「錯《さく》誤《ご》相関《そうかん》」といいます。

相関というのは、二つの値の関係性のことです。例えば、身長と体重は相関関係です。身長が高い人ほど、体重が重くなります。身長と体重の散布図を描くと図5－1のようになります。直線的に右肩上がりになっているのがわかるでしょうか？　これを「正の相関」といいます。一方が増えると、もう一方も増えるような関係性です。

図5－2は、2016年の各都道府県の年

図5-2　都道府県別平均気温と雪日数の関係

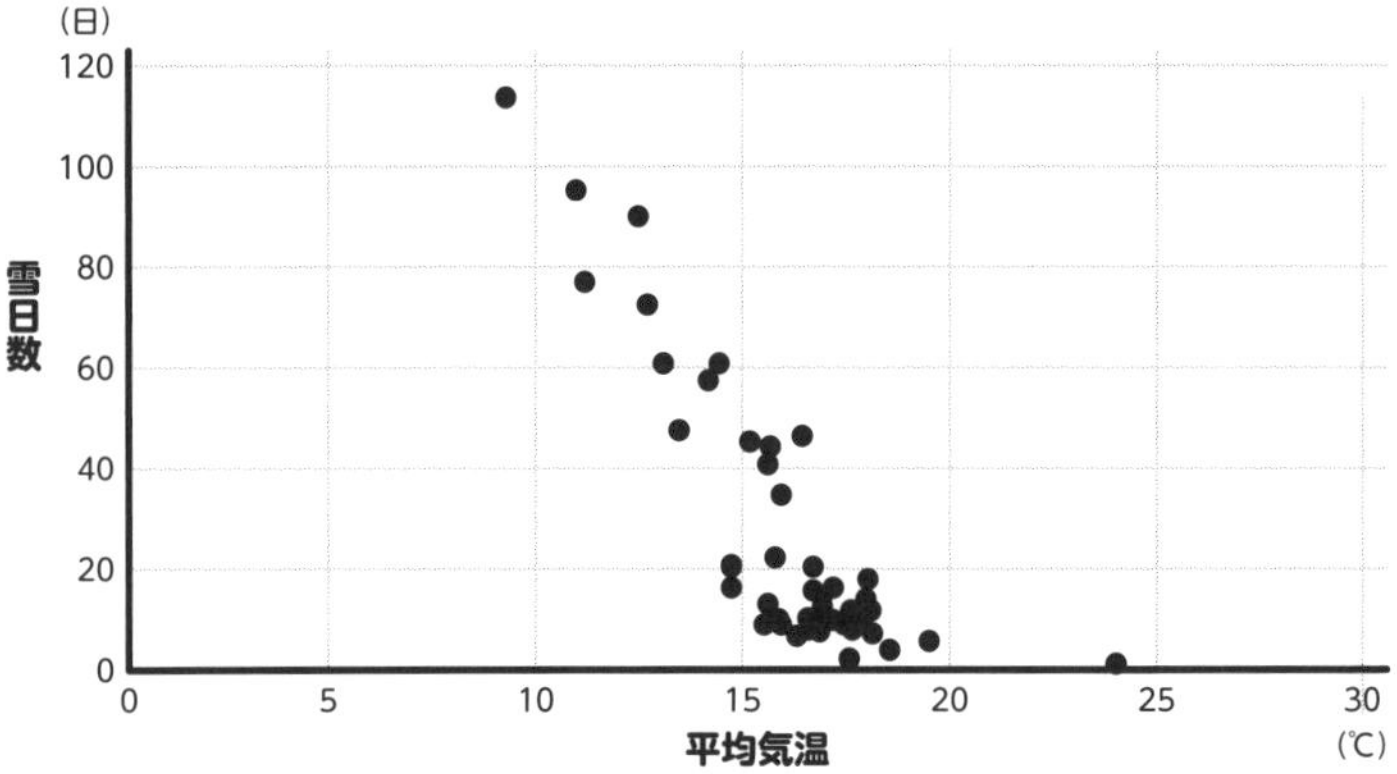

「統計でみる都道府県のすがた2018」(総務省)より著者作成

図5-3　相関係数の解釈の仕方

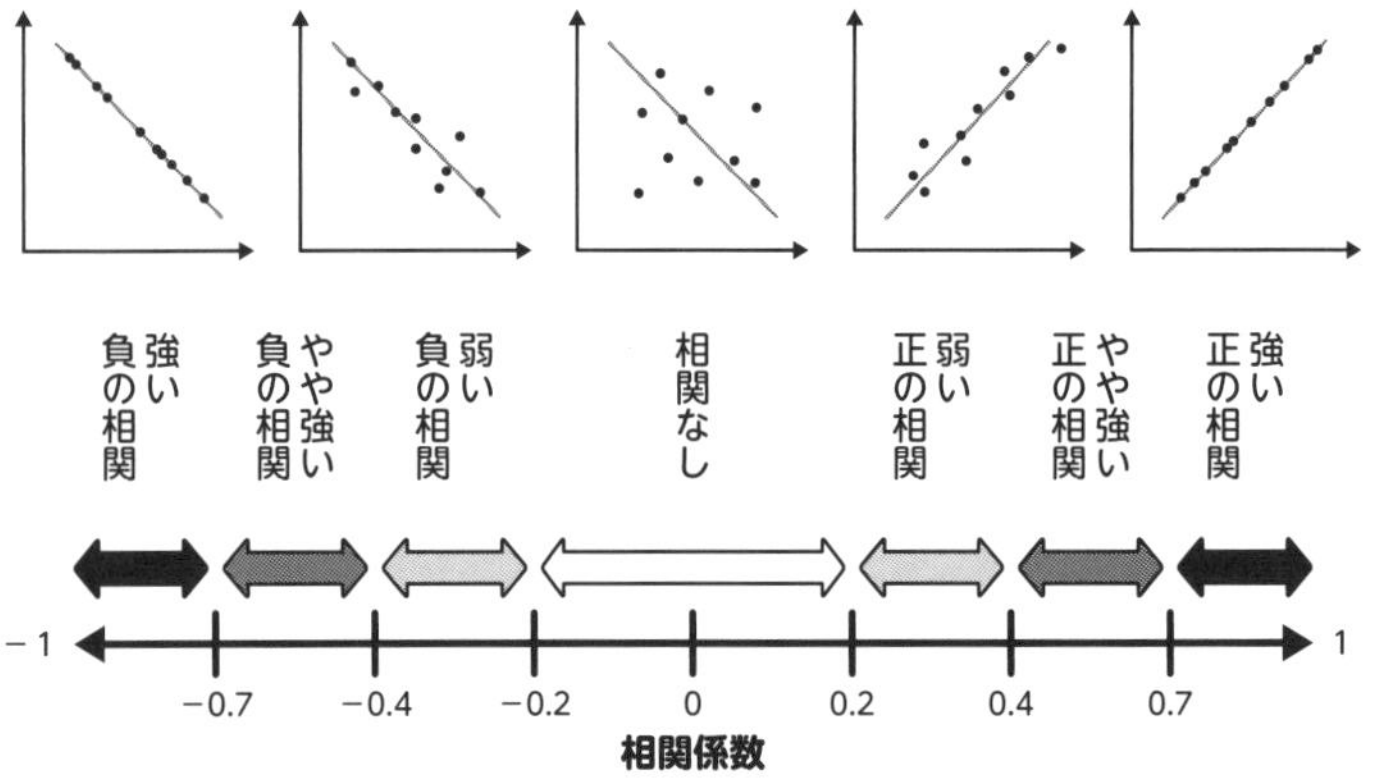

データ分析Navi(西巻拓真)HPより引用

間平均気温と雪日数の散布図です。見ると、右肩下がりのグラフになっています。これは平均気温が低い地域ほど、雪日数が多くなるためです。このように、一方が下がると、もう一方が上がるような関係を「負の相関」といいます。「相関がない」場合には、二つの値には「なんらかの結びつきがあるとはいえない」と考えます。

二つの値の関係性の度合いを表す指標を「相関係数」といいます。相関係数は、−1～1の値で表され、関係性が強い値ほど絶対値が1に近づきます（図5－3）。

一般的には、相関係数が0・5以上であれば、相関が強いと判断されることが多いです。これはどのくらいの関係性の強さかというと、「親の身長と子どもの身長の相関係数」がだいたい0・4～0・5といわれています。

相関係数の値は、エクセル関数ひとつでも簡単に計算することができますが、その分、解釈を間違える人がかなり多いのです。

相関を使って人を騙す方法

冒頭のクイズで出した三つの例は、「二つの値の相関が強いもの」です。しかし、相関関係にあるからといって、それは「因果関係になっているとは限らない」ということに注意が必要です。例えば、

①警察官が多い地域は、犯罪件数が多い

ここで出てくる二つの数値は、以下の通りです。

- その地域の警察官の数
- その地域の犯罪件数

確かに、両者は相関関係にあるものの、「警察官の数（原因）→犯罪件数（結果）」という関係性にはなってはいません(完全に因果関係がないといいきることはできませんが、論理的に考えるとおかしい)。「その地域の人口」という見えない第三の変数が、両者の本当の原因なのです。

② アイスが売れる日は、水辺で事故がよく起きる
③ 体重が重い小学生ほど、足が速い

も同様に、それぞれ「季節（気温）」「学年（年齢）」が、第三の変数です。

このように、見えない第三の変数のことを「潜伏変数」といいます。潜伏変数によって、単なる相関関係を因果関係と見誤ることがよくあり（錯誤相関）、この関係を「見かけの相関」や「疑似相関」といいます。統計に明るくない人は、相関関係と因果関係を混同して説明しているときがあるので気をつけましょう（相関関係と因果関係を明確に区別して説明しているビジネスパーソンのほうが少ない、という感覚を持っています）。

初心者でも簡単にできる手法だからこそ、スーパー初心者に対して「それっぽく」見せるようにできるともいえます。例えば、「ワインの摂取量と年収に相関関係があります！ワインを飲もう！」という提案をされたとして、「そうなんだ！　じゃあ、今日からワインを飲む！」と考えるのは安易すぎます。そもそも高級なワインを買えるだけの経済力がある人だから、ワインをよく飲んでいるのかもしれません。

同様に、「成功者ほど高級時計をしている」というデータがあったときに、「高級時計を買うと成功者になれる」という解釈は、いかがなものでしょう。「成功者だから高級時計を買っているのでは？」という「因果関係が逆じゃない？」というパターンも、錯誤相関の例です。

このように、ただの相関関係をまるで因果関係があるかのように見せて、統計に疎《うと》い人を騙すことができてしまうのです。相関係数は、統計分析の中でも初心者が手を出しやすい最も簡単な手法ですが、誤解されやすいものでもあるので取り扱いには注意が必要です。そして、騙されないようにしましょう。具体的には、「二つの事柄は相関があります」という主張やデータを見たときに、「これは疑似相関ではないか？　第三の変数（本当の原因）

は何か?」と考えるクセをつけるといいでしょう。

それでは、少し練習をしてみましょう。
以下に相関関係の例を示します。なぜ、相関関係になっているのか考えてみてください。

① 明かりをつけたまま眠る子どもは近視になる
② 理系の人は、薬指が人差し指より長い
③ スポーツ選手には早生まれの人が少ない

解説していきます。

① 明かりをつけたまま眠る子どもは近視になる
部屋の明かりと近視には、医学的には直接的な因果関係はないといわれています。近視は遺伝の影響が大きいようです。近視の親は遅くまで明かりをつけていることが多いので、データを取るとこのような関係になるようです。明かりをつけて眠ることは子どもの視力

には影響しないだろう、というのが現時点での見解です。

②理系の人は、薬指が人差し指より長い

理系は、男子学生の割合が多いです。そして、男性はテストステロンという男性ホルモンが多いです。女性にもありますが、男性より少ないです。「テストステロンが遺伝的に多い人は、薬指が人差し指より長い」ということがわかっています。

③スポーツ選手には早生まれの人が少ない

日本のスポーツ選手5000人のデータを分析したところ、意外な結果となりました。取得したデータは、スポーツの種類、選手の出身地、生年月日、性別、所属チーム、ポジション、身長、体重といったさまざまな属性データを抽出して分析しました（図5－4）。

このデータから、2018年度の日本のプロ野球選手（NPB）、プロサッカー（J1）の1395人の生年月日を収集して結果を見たところ、4～9月生まれが多く、1～3月生まれが少ない傾向がわかりました。プロバスケットボール選手289人（B1）も加えてみましたが、同じ結果となりました。「そもそも出生月に偏りがあるのでは？」と思い、

図5-4　日本のプロスポーツ選手の出生月の分布

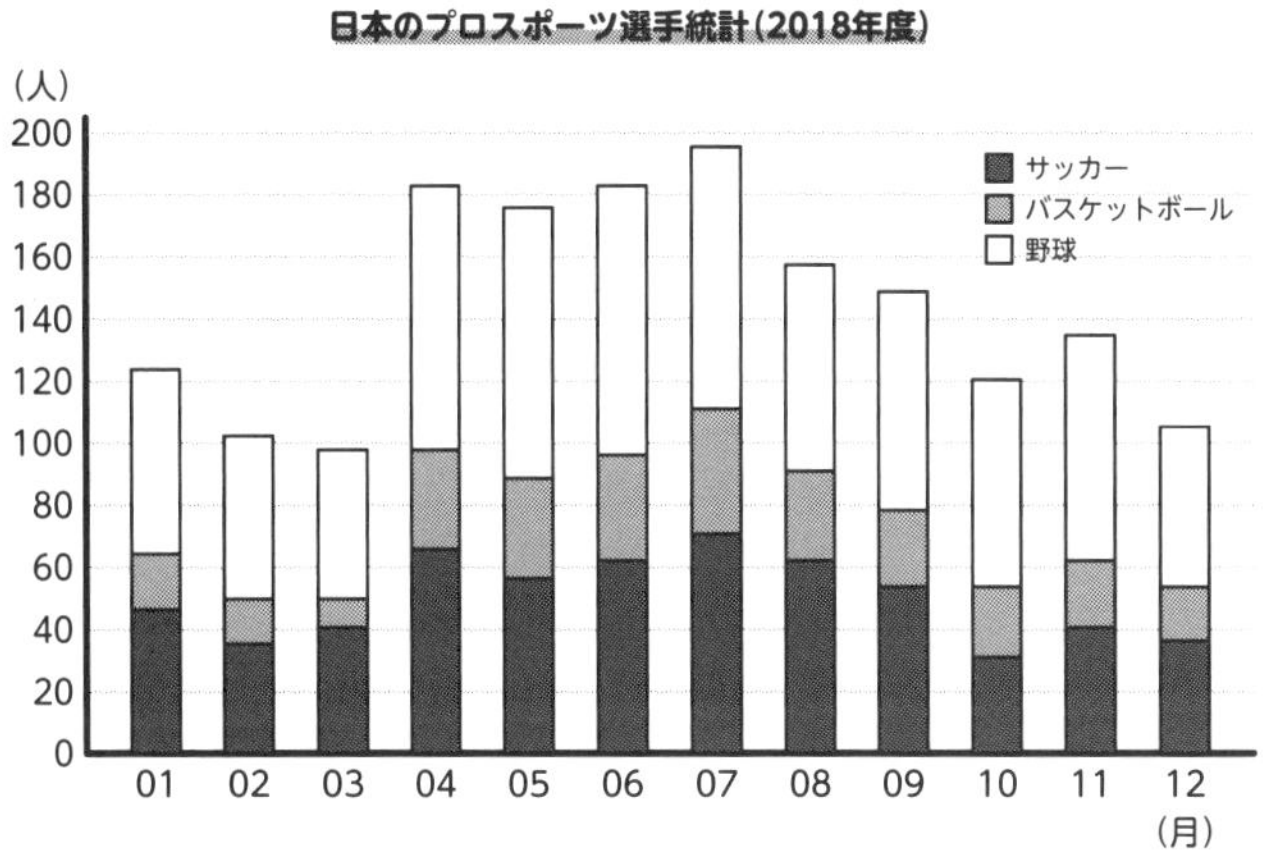

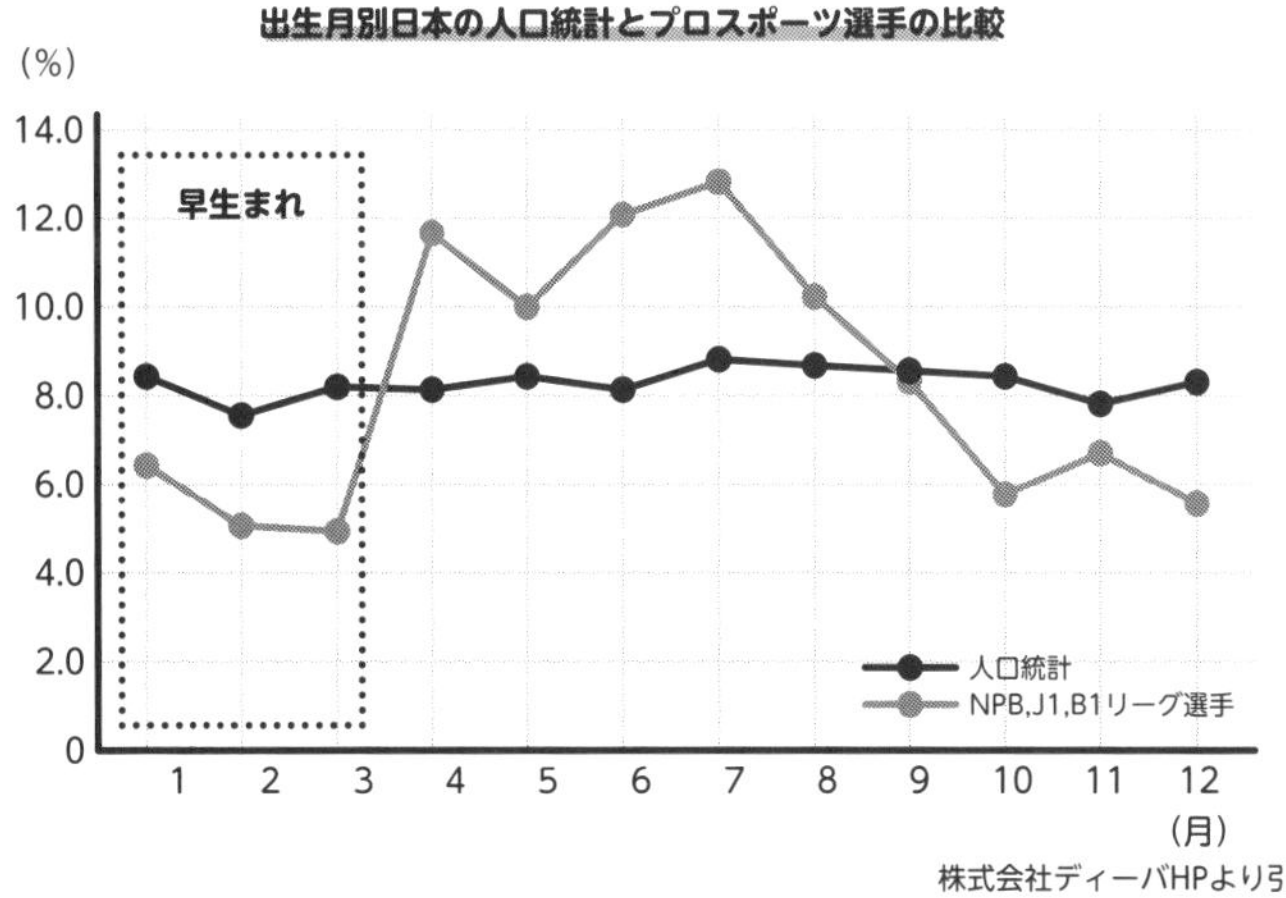

株式会社ディーバHPより引用

過去50年の人口統計と出生月の比率で比較してみましたが、人口統計とプロスポーツ選手のデータに乖離《かいり》があったので、スポーツ選手特有の傾向があるといえそうです。

データを見ると、「春に生まれた子どものほうがスポーツ選手になりやすいのか？」と思いますが、「春に生まれる→スポーツ選手になりやすい」という直接的な因果関係はないかと思います。子どもの頃を思い出してください。確かに勉強ができたり運動ができたりする子は、春～夏生まれの子が多かったような気がします。しかしそれは、ほかの子と比べて勉強や運動を経験する時間が長いからだとされています。

1～3月の早生まれの子どもは、努力をす

図5-5　五つの性格とその特徴

	傾向	特徴
外向性	興味関心が外界に向けられる傾向	積極性、社交性、明るさ
調和性	バランスを取り協調的な行動を取る傾向	思いやり、優しさ、献身的
誠実性	責任感があり勤勉で真面目な傾向	自己規律、良心、慎重
神経症的傾向	落ち込みやすいなど感情面・情緒面で不安定な傾向	ストレス、不安、衝動的
経験への開放性	知的、美的、文化的な新しい経験に開放的な傾向	好奇心、審美眼、アイデア

るとか、自分に自信をつける場所に身を置くことが大事でしょう。実は、人の性格の半分は遺伝で決まることがわかっています。残り半分は、ほとんど人間関係で決まるといわれています。

心理学の世界で最も信頼できるといわれている性格分析手法に、「ビッグ・ファイブ分析」があります（図5－5）。

五つの性格特性があり、中でも最も仕事の成果と結びついている性格特性が「誠実性」といわれています。コツコツと努力ができる性格特性のことです。企業の採用試験でも、誠実性を重視するところが増えてきました。

誠実性は、後天的に伸ばしやすい能力ともいわれています。誠実性を伸ばすための最も簡単な方法とされているのが、「誠実性の高い人と一緒にいること」です。

春～夏生まれの子どもは、早生まれの子どもに比べて、成果を出している人たち（誠実性の高いと推測される人たち）と一緒にいる環境が多いので、必然的に成果を出せるような性格になっているのではないでしょうか。

相関関係の種類

いかがでしたか？

「二つの事柄は相関関係にある」と一口にいっても、その時点では「なんらかの結びつきがある」くらいしかいえないのです。相関関係には、六つのパターンが存在します。

①事柄Aが事柄Bの直接原因　→　因果関係

②事柄Bが事柄Aの直接原因　→　因果関係が逆になっている

③事柄A・事柄Bが互いの直接原因

→売上（事柄A）の20％を広告費（事柄B）にしている、というような場合（売上が増えると広告費も増えて、広告費が増えるから、また売上も増える）。

④事柄Aが事柄Bの間接原因

↓風が吹く（事柄A）↓～（諸々）～↓桶屋が儲かる（事柄B）

風が吹くと桶屋が儲かるのは0・8%といわれています。相関があることを重ねていけば、すごく相関があることにはなりません。むしろ、逆です。

⑤第三の変数が両者（事柄Aと事柄B）の原因

↓年齢（第三の変数）↓体重（事柄A）かつ年齢（第三の変数）↓足の速さ（事柄B）。

⑥単なる偶然

例として、

- 「首つり自殺数」と「アメリカの科学・宇宙・テクノロジーに関する支出」
- 「水泳プールでの溺死数」と「ニコラス・ケイジの映画出演数」
- 「アメリカ人1人あたりのチーズ消費量」と「ベッドシーツに絡まって死亡する数」

などがあります。

「二つの事柄は相関がある」や「事柄Aをすると事柄Bになるらしいよ！」と聞いたときには、この六つのうち、「どれがもっともらしいか？」を検証するようにしましょう。直接的な因果関係になっているものは、意外と少ないのです。

そして、「因果関係になっているかどうか」も大事なのですが、「それがコントロール可能か？」という点も忘れないようにしてください。

例えば、「××遺伝子を持っている人は、糖尿病になりやすい」ということがわかっているとしましょう。しかし、そういった因果関係がわかったところで、自分ではコントロールできないこともあります。その場合、自分が後天的にコントロールできる点で努力するしかありません。具体的には、「良い生活習慣を送る」ということになるでしょう。あらゆる場面において、自分では変えられないものを受け入れつつ、コントロールができるところをハンドリングしていきましょう。

第6章

ミルクティーはミルクから入れたほうが美味しい？

―ランダム化比較試験―

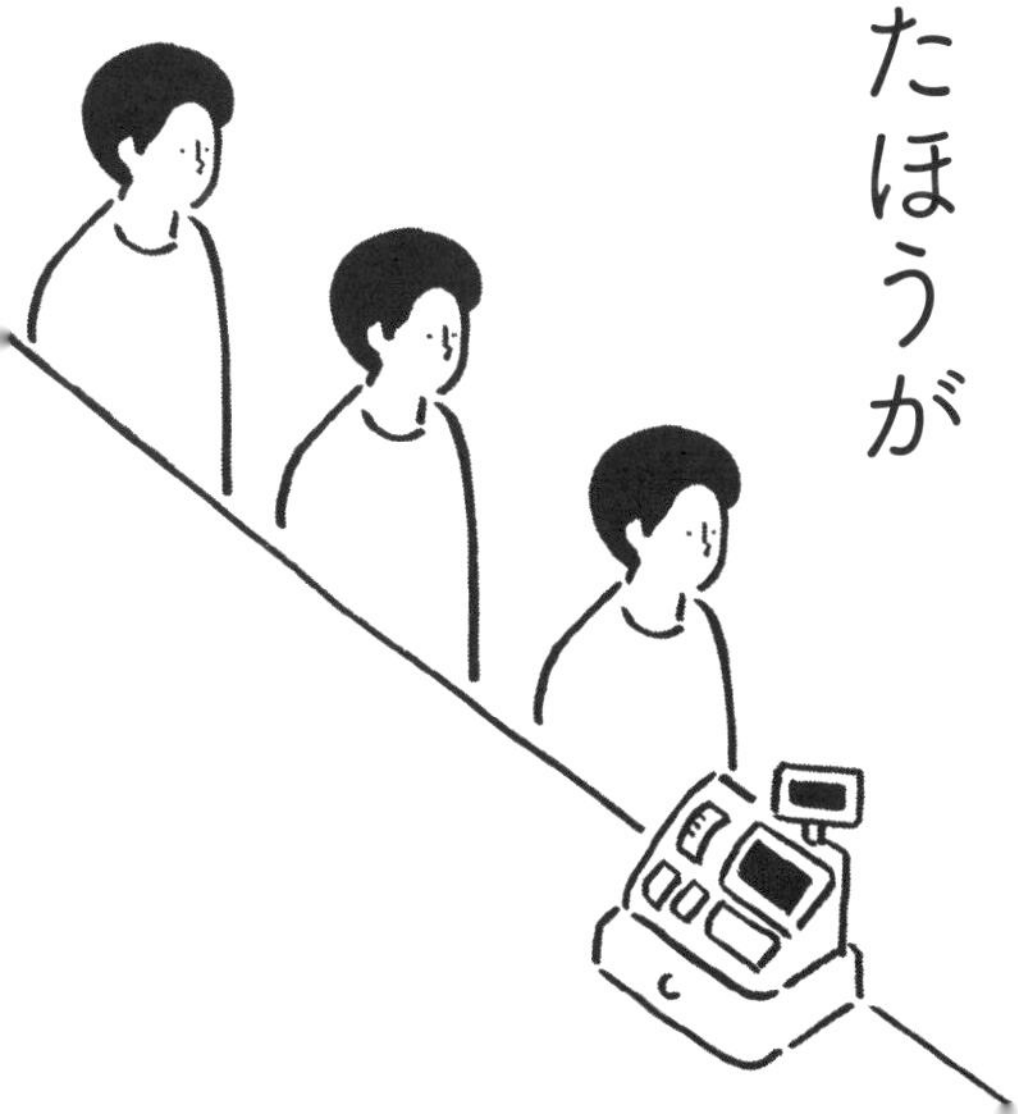

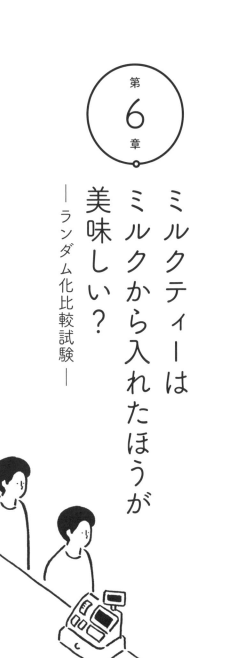

ウィズコロナ時代と統計リテラシー

２０１９年末から新型コロナウイルス（ＣＯＶＩＤ－19）が流行っています。そのような状況下で、いろいろな情報が飛び交ったのは記憶に新しいと思います。「どれが正しい情報なのかがわからない」と思う人も多いのではないでしょうか。また、２０１１年東日本大震災時に福島原発事故の放射性物質に関する情報がひっきりなしに流れていました。私は福島県出身で福島在住でしたので、当時のことをよく覚えています。

「福島県立医科大学の○○教授からの情報です」というツイートで始まるデマ情報が流れ、私も含め多くの人が間違った行動をしてしまうこともありました。パニックになればなるほど考える力がなくなり、「専門家」や「数字」「データ」といった、一見正しそうな情報を真に受けてしまいます。恐ろしいのは、本人に罪の意識がなく「この情報はみんなに知らせなきゃ！」と条件反射的にデマ情報を拡散させてしまうことです。

新型コロナウイルスが猛威をふるった2020年3月頭も、震災時と同じようなことが起きていました。感染拡大を表す「パンデミック」に加え、「インフォデミック」（＝不確かな情報が大量に拡散される状況）という言葉も生まれました。「こういった状況下で、私にできることを」と考え、オンライン会議システムを使い統計学のWEBセミナーを開きました。急な募集だったにもかかわらず、国内外から200名近くの方が集いました。2時間で50万円ほど集まった売上金は、新型コロナウイルスの検査キットを開発している企業に、全額クラウドファンディングとして寄付しました。

こういったチャリティイベントを行った理由は、当時「○○研究所が公開したデータによれば、日本での新型コロナウイルスの死亡者数は○○万人になる見込み！」といった情報をシェアしている方を各種SNS上で多数見ていたからです。シェアをしている人は、「○○万人!?　こりゃ大変だ！」と思い投稿したのだと思いますが、そういった情報を拡散している人ほど、数字の意味がわかっていないように見えました。単に「死亡者数」といっても、死亡統計上は「死因別死亡数」と「超過死亡数」という二つの数え方があるのですが、これを区別できていないようでした。

数字そのものに、意味はありません。数字に「ヤバイ」とか「大丈夫」という意味づけをするのは人間なのです。数字に感情的な意味づけをする前に、**「この数字がどういう計算によって出されているものなのかを知ってもらう必要がある」**という想いから、セミナーを開催しました。おかげさまで、とても好評なセミナーとなりました。新型コロナウイルスの流行がきっかけで、「正しくデータを判断できるようになりたい」という人は、ますます増えるのではないかなと思っています。

過去200年くらいの歴史を振り返ると、戦争や感染症をきっかけに世の中が大きく変わったことが多々あります。現代でもよく知られている、一部のデータから全体を推測する「推測統計学」の基礎は、17世紀のイギリス人商人によって作られました。教会の資料をもとに作成した〝死亡統計表〟から、「36％の子どもは6歳までに死ぬ」という発見をしたのです。

当時は、ペストという伝染病が蔓延していました。その中で子どもの死亡率だけでなく、人間の出生・婚姻・死亡など、人口動態に現れる「数量的な規則性」をイギリス商人は明らかにしていきました。そして、限られた量のサンプルデータから、ロンドン全体の状態を把握することを可能にしました。この一商人の取り組みが政府にも認められるようになり、統計学の礎を築いていきました。

また、戦時下に統計学の普及活動をしていたのが、あのナイチンゲール（1820－1910）です。戦時下の医療現場で、ナイチンゲールが統計の大切さを伝えていたことがきっかけで「衛生統計」という分野ができ、それに関する書物が今では看護師のバイブルになっています。

天使の裏に隠された顔

名前は聞いたことがあるという方も多いであろうナイチンゲールですが、「立派なナース」というイメージを持っているかと思います。１８５０年代のクリミア戦争で、敵味方関係なく、献身的に怪我人を看護したことから「戦場の天使」といわれた人物です。

学校の授業では、「情に熱いエラい人だ」という印象で終わってしまうと思います。しかし、ナイチンゲールのすごさは心意気だけではありません。実際には、死亡者の状況を冷静に分析し、死亡率を大きく減らすことに貢献した人でもあるのです。

クリミア戦争が勃発すると、彼女は自ら志願して38人の看護師を率いて戦場に向かいました。しかし、女性蔑視が強かった当時、彼女らは病院の中に入れてもらうことすら許されなかったのです。有志で戦場にきていたにも関わらずそんな扱いを受けるなんて、私ならば心が折れて、「お疲れさまでした！　頑張ってください！　応援していますね！」といって家に帰ってしまいそうです。しかし、ナイチンゲールたちは、(もちろん帰らずに)どの部署の管轄にもならず、放置同然だった病院のトイレ掃除に目をつけました。病院内に入らずともできる仕事として、まずトイレ掃除を始めたのです。

次に、管轄が曖昧で、人手がなかった衣類の洗濯の仕事を始めました。すると、清潔な衣類を着ることができるようになり、病院での入院患者の死亡率は急激に改善されていきました。ナイチンゲールたちは、圧力の強い上層部などに、こうした行動を度々拒まれましたが、自分たちでもできることを行って事態を改善し、少しずつ病院運営に関わることができるようになりました。

彼女たちが着任した当時、入院患者の死亡率は42%まで上昇していましたが、衛生状態の改善により、3ケ月後には死亡率は5%まで改善しました。これは大変な改善です。今でこそ常識になっていますが、病院での死者は、大多数が負傷によるものではなく、病院内の不衛生(蔓延する感染症)によるものであることが、ナイチンゲールたちの活動でわかりました。戦闘によって命を落とす兵士よりも、不衛生な環境から感染症で亡くなる兵士のほうが多かったのです。

そもそも、死因別の死亡数など、必要な統計すら当時はきちんと取っておらず、「戦死は戦闘によって亡くなるものだからしょうがないもの」という思い込みがあったのではないかと思います。その後、病院ごとに記録すべき統計の基準が設けられ、医療現場に活かされていくことになります。

このことは、ナイチンゲールのチームが作成した『イギリス陸軍の保健と能率と病院管理に関する覚書』（1858）に記されています。ナイチンゲールが証明したこの重要な事実は、のちの看護理論として確立され、現代の看護師が必ず学ぶものになりました。

また、今でこそポピュラーになった「グラフ」ですが、数字を視覚的な図で表現することを最初に行ったのは、ナイチンゲールなのです。

数字だけで説明するのではなく、視覚的にわかりやすいことが評価され、人々に受け入れられやすかったのでしょう。「文字ではなく視覚的にわかりやすい情報を入れる」というのも、今ではプレゼンテーションの基本になっています。コンピューターがない170年近く前に、すでにナイチンゲールが実践していたとは驚きです。

「統計が活用されないのは、人々が活用の仕方を知らないから」として、大学教育においても、統計の専門家を育てるべきだと考えたのはナイチンゲールでしたが、残念ながら生前にはかないませんでした。エビデンスに基づく実践（Evidence-Based Practice；EBP）という言葉がようやく普及してきましたが、ナイチンゲールは世界で最も統計学を実践に活かした人でもあるのです。そのため、ナイチンゲールは〝統計学の母〟ともいわれています。

ミルクティーはミルクから入れたほうが美味しい？

もう1人、現代の統計学に大きな影響を与えた人物がいます。

1920年代のイギリスで、何人かの英国紳士と婦人たちがアフタヌーンティーを楽しんでいたときのことでした。その場にいたある婦人は、ミルクティーについて「紅茶を先に入れたミルクティー」と「ミルクを先に入れたミルクティー」では、味が全然違うからすぐにわかるといいました。

ほとんどの人は、「混ざってしまえば一緒だよ」と婦人の主張を笑い飛ばしました。しかし、その場にいた眼鏡をかけ髭《ひげ》を生やした紳士が、婦人の説明を「ふーん」と面白がって「その命題をテストしてみようじゃないか」と提案しました。この眼鏡の紳士こそが、現代統計学の父、ロナルド・A・フィッシャー（1890－1962）です（余談ですが、統計学や確率の歴史を遡《さかのぼ》ると、このようなユーモアのある話をまじめに考えることが始まりだったことが多いようです）。

実験は、次のように進められました。

〈紅茶の実験〉

①「紅茶→ミルクの順で作ったミルクティー」と「ミルク→紅茶の順で作ったミルクティー」を、合わせて8杯用意する

②これら8杯のミルクティーをランダムに並べる（ミルクティーを作ったりテーブルに並べる作業は婦人には見せない）

③婦人に目隠しをした状態で、このランダムに並べた8杯のミルクティーを、どちらのミルクティーか（紅茶が先か、ミルクが先か）を当てさせる

〈結果〉

婦人は8杯のミルクティーを見事にすべて当てました。婦人のいったことは正しかったことが証明されたのです。２００３年の英国王立化学会による研究では、高温の紅茶に常温のミルクを注ぐのと、常温のミルクに高温の紅茶を注ぐのとでは、ミルク分子の状態に

違いが生じることが明らかになったそうです。ミルクを先に入れたほうが、ミルクのタンパク変性が少なく美味しいミルクティーになるということです。

ミルクティー好きには是非、試してもらいたいのですが、重要なのはここからです。フィッシャーは、このミルクティーの命題では「紅茶にミルクを注ぐ」のと「ミルクに紅茶を注ぐ」のとでは味が違い、その味わいを分けられることを証明するには、どのような条件設定をすればよいのかを、以下のように考えました。

- カップをひとつずつ順番に出すのがよいのか？
- 入れ方を変えた二つのカップを同時に出すのがよいのか？
- どちらも均一に混ぜるにはどうすればよいのか？
- 先に入れたほうが微妙に冷めてしまったら味に影響しないか？

このような様々なケースを大まじめに想定したところ、「反復」と「ランダム化」が必要だということを発見したのです。

まず、フィッシャーは、「そもそもこの婦人に、味わい分けの能力がないとしたら紅茶の入れ方をいい当てる確率はどうなるだろうか」と考えました。味わい分けの能力がないのなら、当たるか当たらないかは1／2分の確率です。

- 1杯目に当たる確率は1／2
- 2杯目も続けて当たる確率は、1／2×1／2＝1／4

このくらいなら、まぐれでもありえそうな感じがします。

しかし、3杯目も当たると、$(1/2)^3 = 12.5\%$
4杯目も当たると、$(1/2)^4 = 6.25\%$
5杯目も当たると、$(1/2)^5 = 3.125\%$

このあたりまでくると、さすがにこれはまぐれとはいいがたくなってきます。

8杯全部を続けて当てるということは、(1/2)^8 = 0.39% の確率です。0・39%となると、まぐれで当たるとは考えにくいです。つまり、「婦人の舌はホンモノっぽいぞ」といえるわけです。

ホンモノである確率を先に求めるのではなく、まぐれ当たりする確率から先に求める、というのは統計学的な証明の特徴です。

このように、1回だけの実験ではなく、何回かくり返すことを「反復」といいます。また、反復だけではダメです。例えば、「1回目：ミルクが先」「2回目：紅茶が先」「3回目：ミルクが先」「4回目：紅茶が先」……というように配置したら、交互に並べている、という規則性が生まれてしまい、「次は、ミルクが先のミルクティーがくるかもしれない」という先入観が入ってしまいます。配置をするほうも、「ミルクが先」が続いたから次は「紅茶が先」を並べよう、というように、ランダムに並べているつもりでも、なんらかの規則性を持たせてしまうことがあります。理想的なのは、配置をする人も味見をする婦人も目隠しをすることです。これを「ダブルブラインド」(二重盲検法)といいます。

このように、一見どうでもいいミルクティー論争が、20世紀の統計学に大きなインパクトを与え、特に「ランダム化」はあらゆる臨床試験で欠かせない原則になりました。

なにかしらの治療の効果を測りたいとき、ランダムに二つのグループに分けて、効果の差を検証する方法を「ランダム化比較試験」（RCT）といいます。質の高い実験方法であるため、治療方法や医薬品の臨床試験などで用いられます。いわゆる代替医療といわれるものは、このRCTをクリアしていないため、科学的には効果が実証されていない治療法です。

RCTは、医療以外にも心理実験や国の政策、広告の効果検証などあらゆる場面で使われています。ビジネスシーンではよく「ABテスト」といわれます。ジェームズ・クック大学のRCTによって、「絆創膏《ばんそうこう》をはがすときは、ゆっくりはがすよりも一気にはがしたほうが痛みが少ない」ということがわかっています。是非、試してみてください。

「効果がある」ってどういうこと？

「このテレビCMは、売上アップに効果があります」
「このサプリは、体脂肪を落とす効果があります」
「笑いは、寿命を伸ばす効果があります」

こういった主張があちらこちらで見受けられますが、この「効果がある」という言葉には注意しなければいけません。現在では、多くの会社で、「効果があります」という主張だけではなく、データを添えてそれっぽく見えるようにしているので、なおさら注意が必要です。

「効果がある」というのは、一言でいえば「差」です。例えば、効果を検証したい医薬品があるとします。Aグループにはその医薬品を投与し、Bグループにはプラセボ薬（偽薬）を投与します。AグループとBグループは同じ環境で過ごさせ、BグループよりもAグループの数値が改善していれば、「この医薬品には効果がある」といえるわけです。

A・Bグループの効果の差の大きさを「効果量」といいます。第5章で話した「相関係数（r）」も効果量のひとつです。統計学で「効果」という場合には、「効果量」のことを指すことが多いです。効果量が大きいほど、変化が大きい（よく効く）という解釈をします。相関係数（r）は−1〜1の値を取り、絶対値が1に近いほど「相関が強い（二つの変数の間には強い結びつきがある）」ということをお伝えしました。ただし、「効果がある」というためには、正確には、効果の大きさだけでなく、「その差は誤差ではないか？」という点も考慮されます。これには効果量と、どれだけ多くの被験者で実験しているかで評価されます。

「科学的に効果が証明されている○○法」といわれたら、それを鵜呑《うの》みにするのではなく、どんな実験が行われたのかまで確認してみましょう。もし、それがRCTであれば信憑性《しんぴょうせい》の高い情報だといえるでしょう。

これからも、私たちが知らないような危機が訪れ、世の中がパニックになるような状況はやってくるかもしれません。戦争や感染症を乗り越えてきた歴史には、統計学がありました。「科学的な」「専門家」「理論」という言葉に惑わされずに、不確実な未来や真実を見極めるためには、統計リテラシーは必須なのです。

第7章

感染症検査と罹患率

―推定―

ゆるふわな統計学「ベイズ統計学」

スタンダードな統計学は、「ある程度の数（サンプルサイズ）がなければ正確なことはいえない」という堅いものですが、もう少し気楽で柔らかい統計学が存在します。それが「ベイズ統計学」です。ものすごく簡単に説明すると、**「答えはわからないけど、いったん仮決めをして、データを入れながら、その都度、修正していきましょう」**という考えです。

このベイズ統計学は、ビッグデータ時代の救世主なのです。例えば、迷惑メールフォルダ振り分け機能、検索エンジン予測変換機能、OSのヘルプ表示機能、ECサイトの1to1マーケティング（おすすめ商品表示機能）などに応用されています。このベイズ統計学の考え方を使って行う推定が「ベイズ推定」です。

ベイズ推定を説明するため、有名な「オオカミ少年のベイズ推定モデル」を紹介します。

- 今、目の前に初対面の人（人物X）がいるとします
- その人が、ウソつきか正直者かどうか見極めたいとします

初対面なので、その人がどういう人なのかはわかりません。

そこで、〝とりあえず〟人物Xが、「ウソつきである確率」と「正直者である確率」を半々（1：1＝0・5：0・5）に設定します（図7－1）。このように、事前に決めておく確率のことを「事前確率」といいます。事前確率は客観的なデータだけでなく、意思決定者の経験など主観的なものでもかまいません。この場合、「ウソつき」と「正直者」は主観的に決める確率なので「主観確率」といいます。もうすでに、ゆるふわです。しかし、それでいいのです。理由はあとで説明します。では、あなたが以下のようなデータを持っていたとします（図7－2）。

- ウソつきが本当のことをいう確率が0・2。ウソをつく確率が0・8だとする
- 正直者が本当のことをいう確率が0・9。ウソをつく確率が0・1だとする

図7-1　事前確率の設定

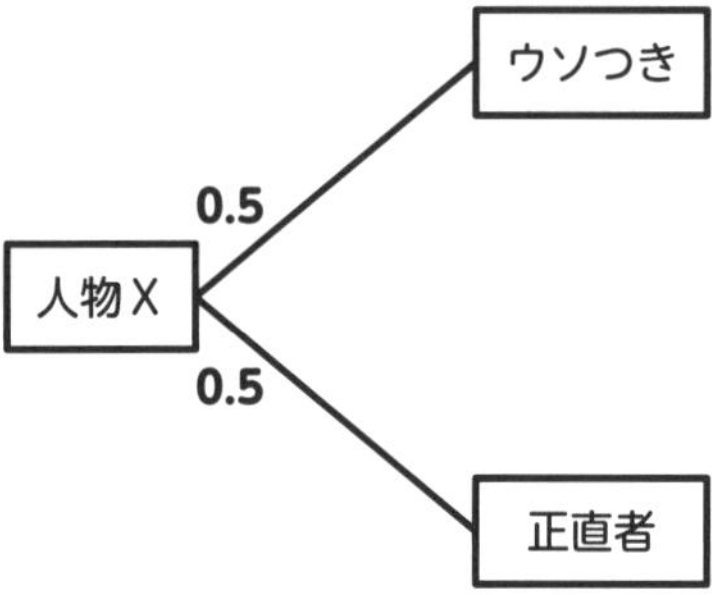

図7-2　条件付き確率の追加

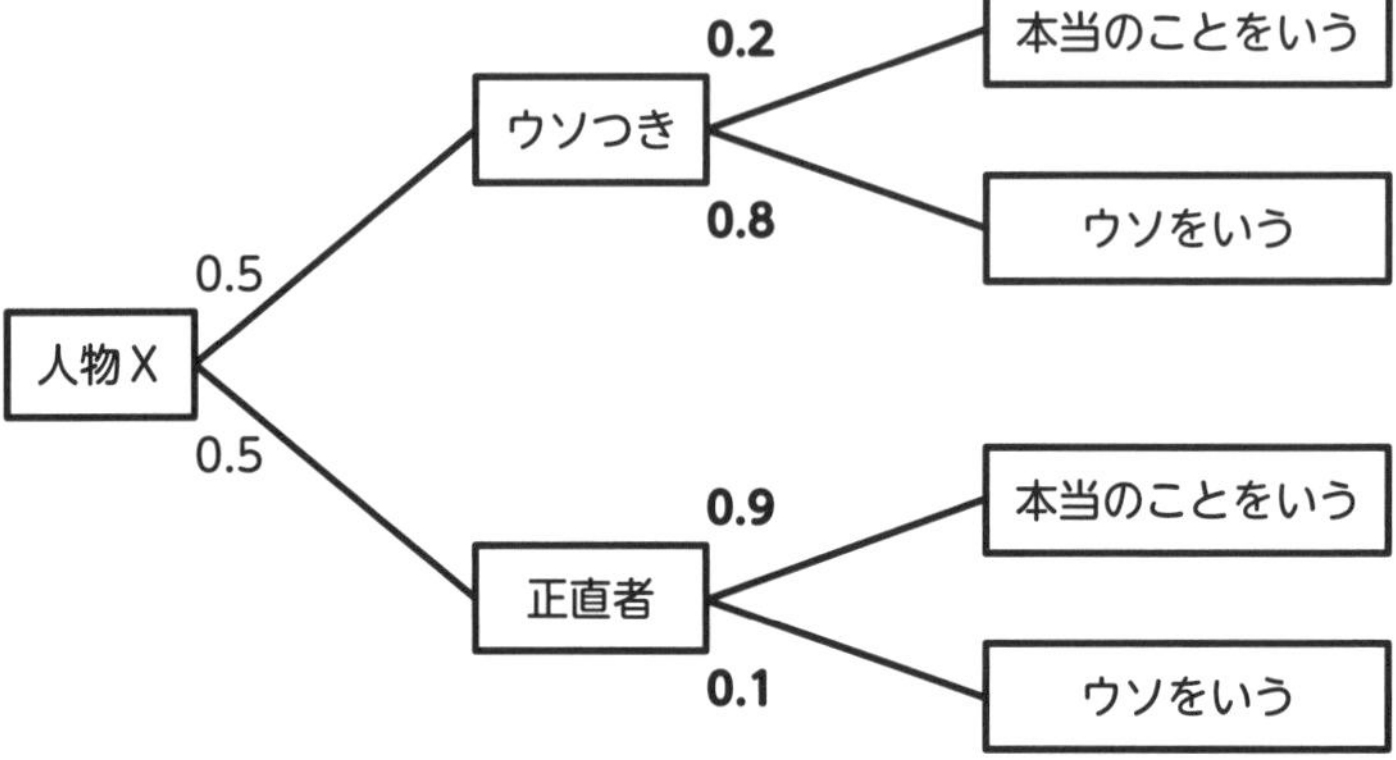

これを「条件付き確率」といいます。条件付き確率は、事前アンケートや既存データから事前に計算しておきます。

今、その人が「1回ウソをついた」という情報が得られたとします（図7－3）。

そうなると、可能性としては、

①ウソつきで、ウソをいった可能性
②正直者で、ウソをいった可能性

この二つが存在します。このときの確率を求めてみましょう。

①ウソつきで、ウソをいった可能性
→事前確率0.5×条件付き確率0.8＝0.4

②正直者で、ウソをいった確率

→事前確率0.5×条件付き確率0.1＝0.05

①：②＝0.4：0.05＝8：1

ウソつき：正直者＝8：1

ということになります。

この8：1というのは、正確には確率ではなく「オッズ比」といいます。「確率は、足して1になる」が原則なので、これを足して1になるように計算してみましょう。

ウソつき：正直者＝8：1
＝8/9：1/9

図7-3　人物Xが1回ウソをついた

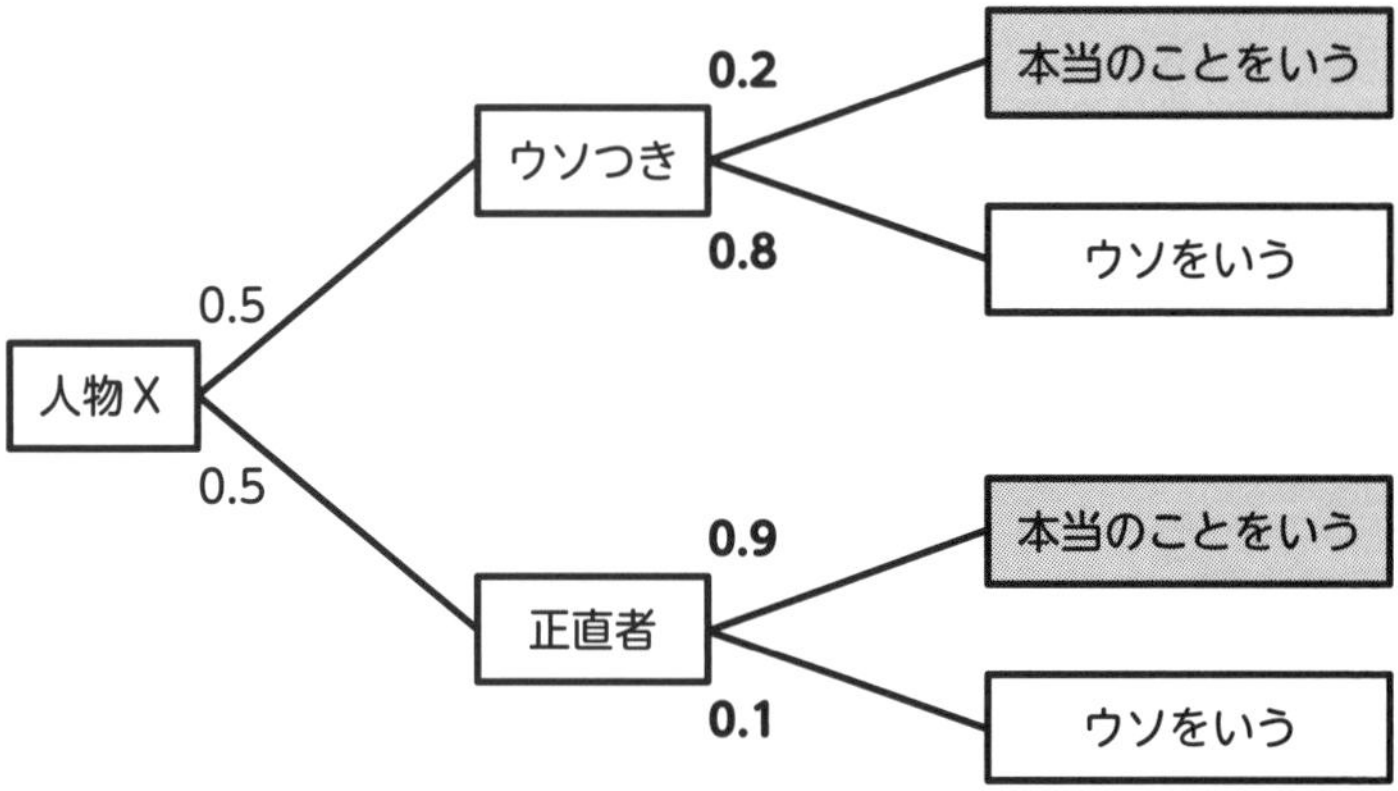

= 0.888 : 0.111
≒ 0.9 : 0.1

ウソつき：正直者 = 0.9 : 0.1

となるので、「情報がなにもない状態でウソつきである確率は50％だったものが、1回ウソをついたことにより、その人がウソつきである確率は90％に変化した」ということになります。

情報を得たことによって、変化した確率のことを「事後確率」といいます。このように、事前確率から事後確率に変化することを、「ベイズ更新」といいます。

さらに、人物Xが「もう1回ウソをついた」としましょう（図7－4）。
そうすると、ベイズ更新後の事後確率はいくつになるでしょうか？

ウソつき：正直者

$$= 0.9 \times 0.8 : 0.1 \times 0.1$$

$$\fallingdotseq 0.99 : 0.01$$

になり、ウソつきである確率は99％になります。

このように、最初に「えいや！」で主観的に確率を設定したとしても、逐次《ちくじ》、観測データを入れてはベイズ更新して事後確率を修正していくと、最終的にはスタンダードな統計学で出した結論とほぼ等しくなります。

実はここが一番、実務で使い勝手のいいポイントなのです。従来の統計解析では、一度、溜まったデータをまとめて解析にかけて結論

図7-4　人物Xがもう1回ウソをついた

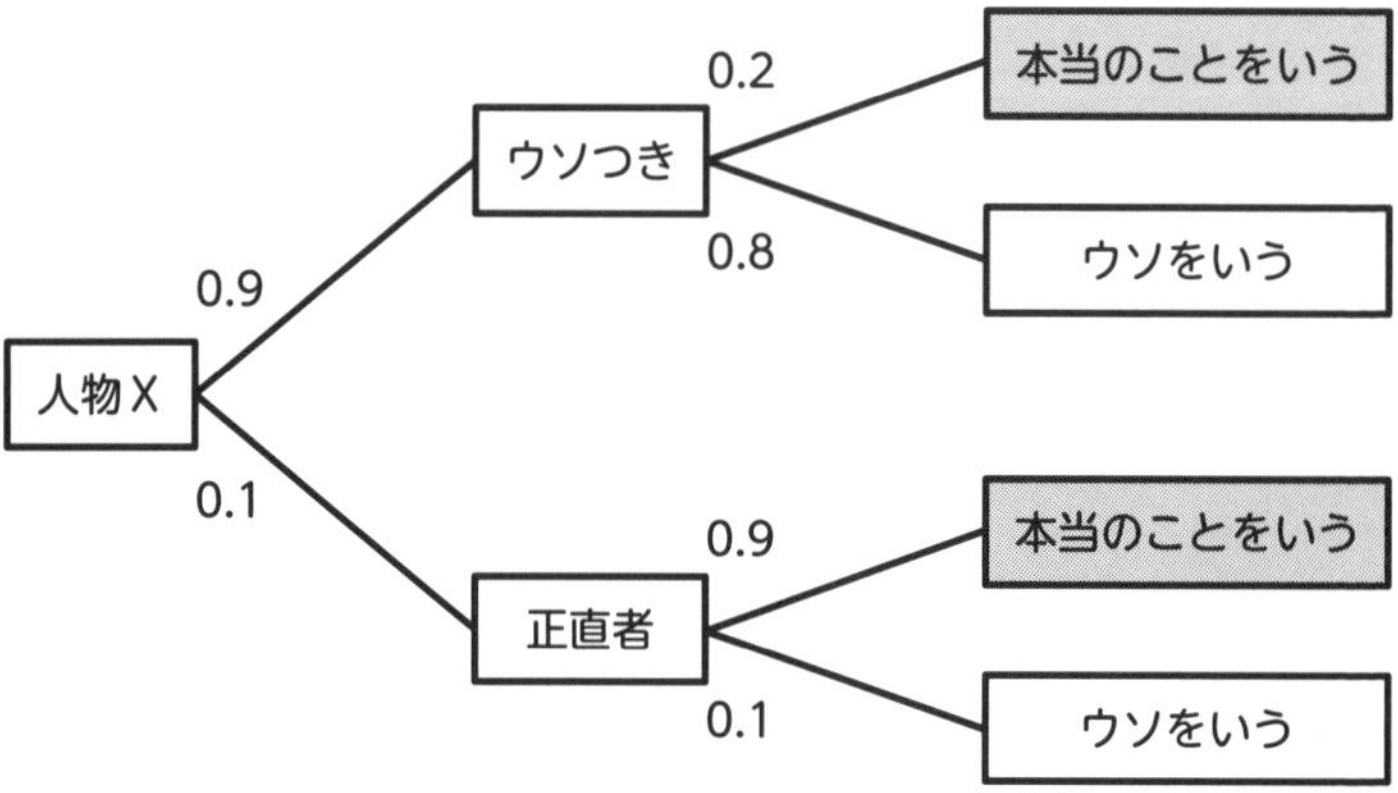

を出し、また、情報が溜まってきたら解析にかけてという具合に、手間暇をかけて分析していました。

しかし、ベイズ統計の場合は、情報を得るたびにベイズ更新されて、即座に確率計算されるので、再び全データを解析にかけ直すという手間がいらなくなったのです。

これは、分析者からするとかなり画期的なことでした。ビッグデータのように、常に増え続けるデータの場合、人間の手で「データ収集→解析→モデル修正」をするのは、現実的に追いつきません。しかも、たくさんデータを保管しておくとサーバーがパンクしてしまうこともあるので、データ保管の点からも使い勝手がいいのです。なぜなら、情報を得るたびに事後確率が更新され続けるので、その情報さえあれば個別の情報は忘れてしまっても問題ないからです。

精度70％の感染症検査で陽性なら、確率70％で感染症に罹患《りかん》？

問題です。

世界的にある感染症が流行しており、その感染症の罹患率を0・1％（0・001）と仮定します。この感染症に罹患しているかどうかを検査する簡易的な方法があり、この感染症に罹患している人は70％（0・70）の確率で陽性と判断されると仮定します。一方で、健康な人が陽性と誤診される確率は1％（0・01）です。さて、この検査で陽性と判断されたとき、あなたがこの感染症に罹患している確率はいくらでしょうか？

感染症の罹患率が0・1％（0・001）なので、あなた自身がこの感染症に罹《かか》っているかどうかを検査前に推定するなら、以下のようになります（図7－5）。

あなたは病気か健康かの二つの世界のどちらかに属しますが、なにも観測データがない現在、感染症に罹患している確率は0・001、健康である確率は0・999に推測されます。これが、事前確率です。

次に、あなたは感染症の簡易検査を受けて「陽性」と出ました（図7－6）。もう少しわかりやすく、表にしてみましょう（図7－7）。

「感染症の罹患者」の場合、検査で陽性と出る確率は70％（0・70）です。罹患している人を正しく陽性と判定する確率のことを、「感度」といいます。

「感染症の罹患者」なのに、「陰性」と出る確率（誤診する確率）は、1－0・70＝0・30（30

図7-5　あなたが感染症に罹っているかどうかの事前確率

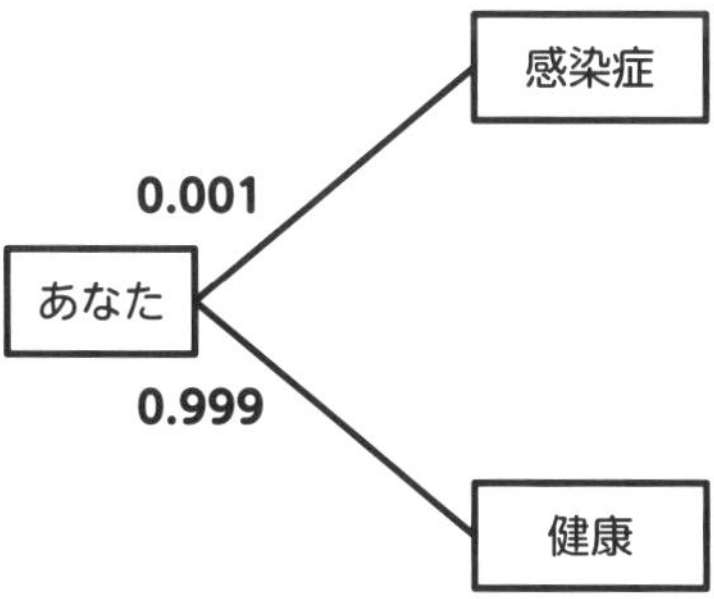

図7-6　条件付き確率の追加

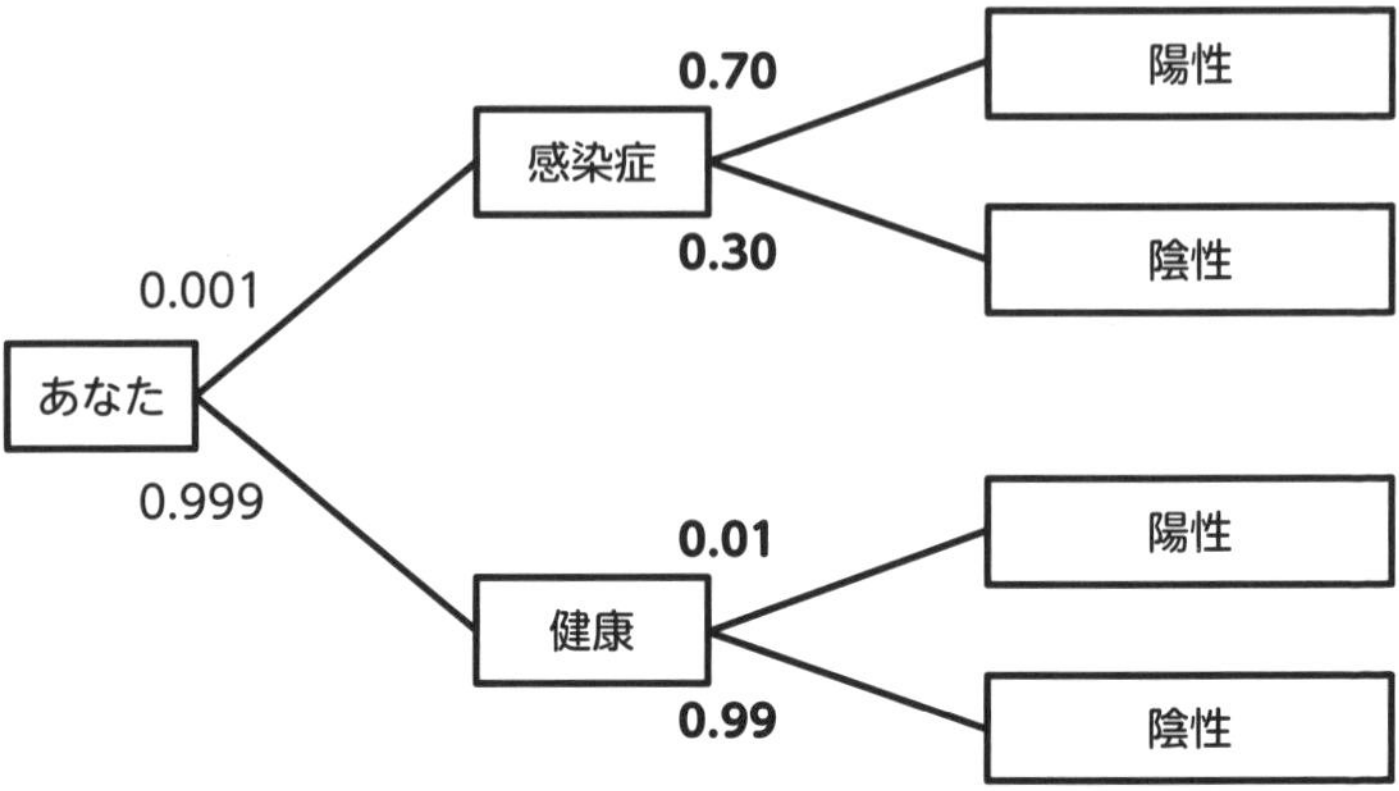

図7-7　四つの可能性

タイプ	陽性の確率	陰性の確率
感染症の罹患者	0.70（感度）	0.30（偽陰性）誤診
健康者	0.01（偽陽性）誤診	0.99（特異度）

％）です。このことを、偽物の陰性という意味で「偽陰性」といいます。

「健康者」の場合、検査で「陰性」と出る確率は99％（0・99）です。罹患していない人を正しく陰性と判定する確率のことを、「特異度」といいます。「健康者」なのに、検査で「陽性」と出る確率（誤診する確率）は1－0・99＝0・01（1％）です。このことを、偽物の陽性という意味で「偽陽性」といいます。この四つが条件付き確率です。

図7－7からわかることは、簡易検査は完璧なものではなく、誤診のリスクがあるということです。

では次に、検査結果が「陽性」になったので、「ありえないほうの世界」を消しましょう（図7－8）。

こうすると、可能性としては、

① 感染症で陽性が出た場合
② 健康なのに、陽性が出た場合

の二つの世界が存在します。

では、それぞれの確率を求めてみましょう。

①感染症で陽性が出た確率
→事前確率 0.001 ×条件付き確率 0.70 =
0.00070

②健康なのに、陽性が出た確率
→事前確率 0.999 ×条件付き確率 0.01 =
0.00999

①:②= 0.00070 : 0.00999 = 0.070% : 0.999%

となります。

図7-8　検査結果が陽性の場合

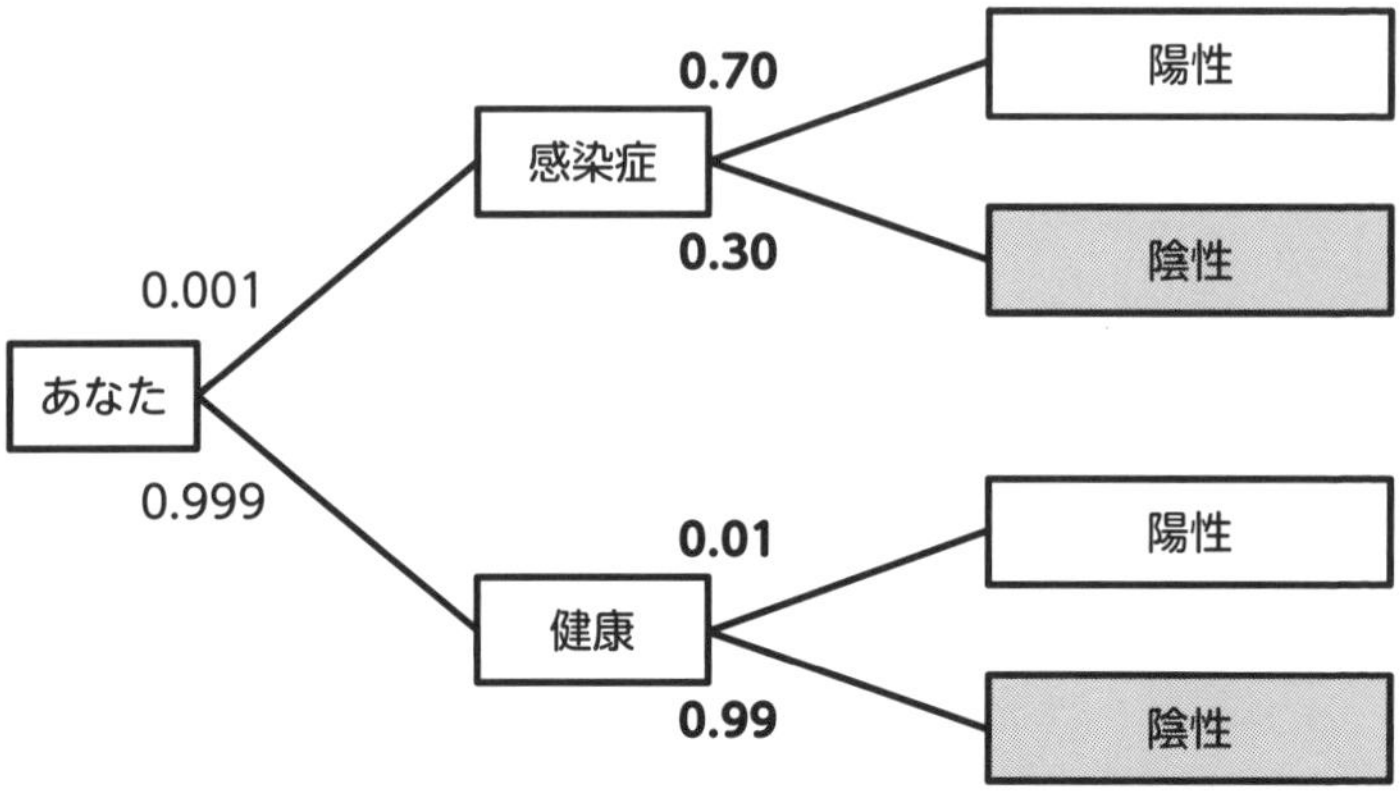

確率は足して1になることから、0・070＋0・999＝1・069なので、比の両側をこの数値で割ります。

$$= \frac{0.070}{(0.070 + 0.999)} : \frac{0.999}{(0.070 + 0.999)}$$

$$= \frac{0.070}{1.069} : \frac{0.999}{1.069}$$

$$= 0.0655 : 0.9345$$

$$(0.0655 + 0.9345 = 1)$$

この結果から、

①感染症で陽性が出た確率：②健康なのに、陽性が出た確率

＝0.0655：0.9345

となり、あなたが陽性という検査結果を得て、あなたがこの感染症に罹患している確率は6・5％程度ということになります。

これが、「ベイズ事後確率」です。

最初の問いである、「70％の精度の感染症検査で陽性が出たら、あなたは70％の確率で感染症に罹患しているのか」については、「それは間違いである」という否定的な結果になったことに注意してください。

このように、事前のデータと観測データをもとに推定していく方法がベイズ推定です。ベイズ推定は、人の思考回路と似ています。例えば、あなたが忘れ物を見つけたとして、その所有者の可能性としては、AさんかBさんの物だとしましょう。もし、Aさんが忘れっぽい人であれば、「多分、Aさんの忘れ物だろう」と判断します。忘れ物の持ち主がAさんかBさんである確率を、「よく忘れ物をするのはどちらか」という過去の観測データから推定しているからです。

「こうする！」と一度決めて進めてみたはいいものの、「あれ？　なんか思ったのと違うな。でも、もうやるっていっちゃったし、後戻りできないから、このまま行くしかない」という状態になることがありませんか？

「答えはわからないけど仮決めして、やってみて、修正し、現時点で確率の高いほうを選択する」というベイズの考え方は、不確実な世の中で、どのように仮説を立て検証していけばいいのか、そのヒントを私たちに教えてくれる方法でしょう。

自分が思ったことやいったことを、あとで撤回するのは統計学的にも理にかなっていることなのです。

第8章

傘を忘れた日に限って雨が降る

――意思決定バイアス――

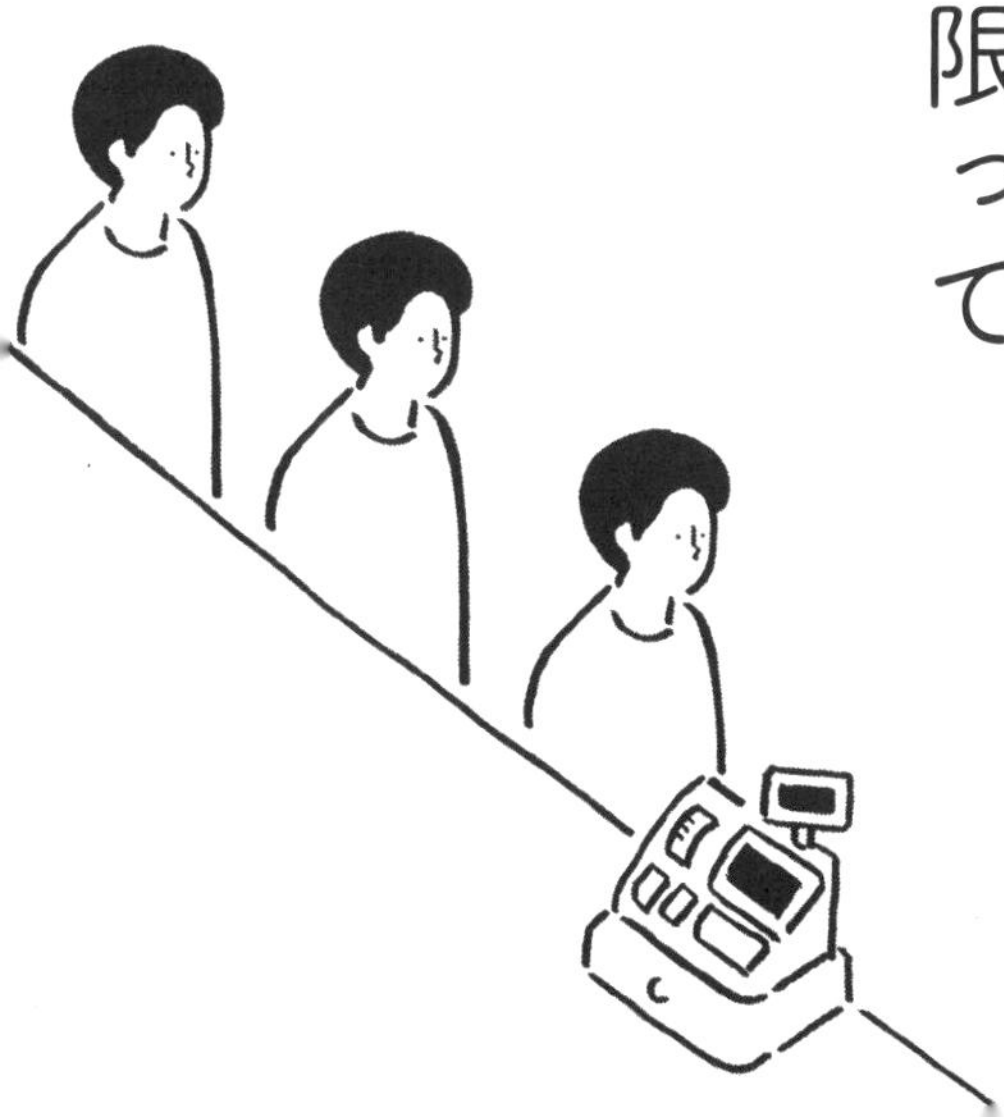

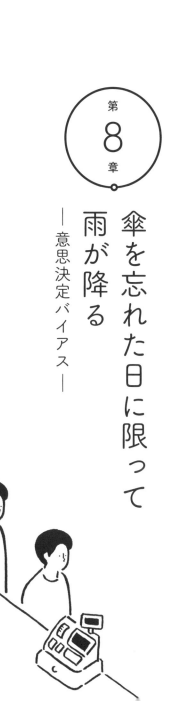

ギャンブル依存症になる仕組み

「スキナー箱」という心理学の実験をご存じでしょうか？

まず、レバーを押すと必ず餌が出てくる箱を作ります。それに気がついたラット（ネズミ）は、レバーを押して餌を出すようになります。ラットは食べたい分だけ餌を出したら、その箱には興味をなくします。腹が減ったら、また箱に戻って来ます。しかし、レバーを押しても、その箱から餌がまったく出なくなると、ラットはその箱に興味をなくします。

ところが、レバーを押して餌が出たり出なかったりするように設定すると、ラットは一心不乱にそのレバーを押すようになります。さらに、餌が出る確率を徐々に落とします。すると、レバーを押し続けるよりも、ほかの場所に行って餌を探したほうが効率が良いぐらいに餌が出る確率を落としても、ラットは一生懸命レバーを押し続けるようになります。

ついには、餌が出る確率を調整することで、ラットに狂ったように一日中ボタンを押し

第8章
傘を忘れた日に限って雨が降る
―意思決定バイアス―

続けさせることも可能になるそうです。

実はこれ、パチンコ依存やスマホゲームに大量課金する人に対する例えです。「依存」というのは、異常なほどに夢中になって生活に支障をきたすことをいいますが、「なにかに夢中になる」こと自体は悪いことではなく、有効に使えば仕事や勉強の生産性が上がります。まずは、人を異常なほどに夢中にさせてしまう仕組みについて解説していきます。

このスキナー箱の実験は、アメリカの心理学者で行動科学者のバラス・スキナー（1904－1990）によって行われました。スキナー箱とは、上下左右が壁によって仕切られた脱出不可能な箱の中に、レバーといった装置が取りつけられているものです。ラットがその装置を押すと餌が出てくる仕掛けになっており、いわば「給餌装置《きゅうじそうち》付きの箱」です（図8－1）。

「スキナー箱」実験の流れ

①お腹が空いたラットをスキナー箱の中に入れる
←
②スキナー箱の中には、押したりすると給餌装置が作動するレバーがある
←
③箱の中に入れられたラットは、最初はデタラメに動くだけでレバーを押さないが、偶然ボタンを押すと餌が出てくる
←
④ラットが偶然レバーを押す↓餌が出てくる、が繰り返される
←
⑤ラットはレバーを押して餌を出すようになる

図8-1 「スキナー箱」の実験

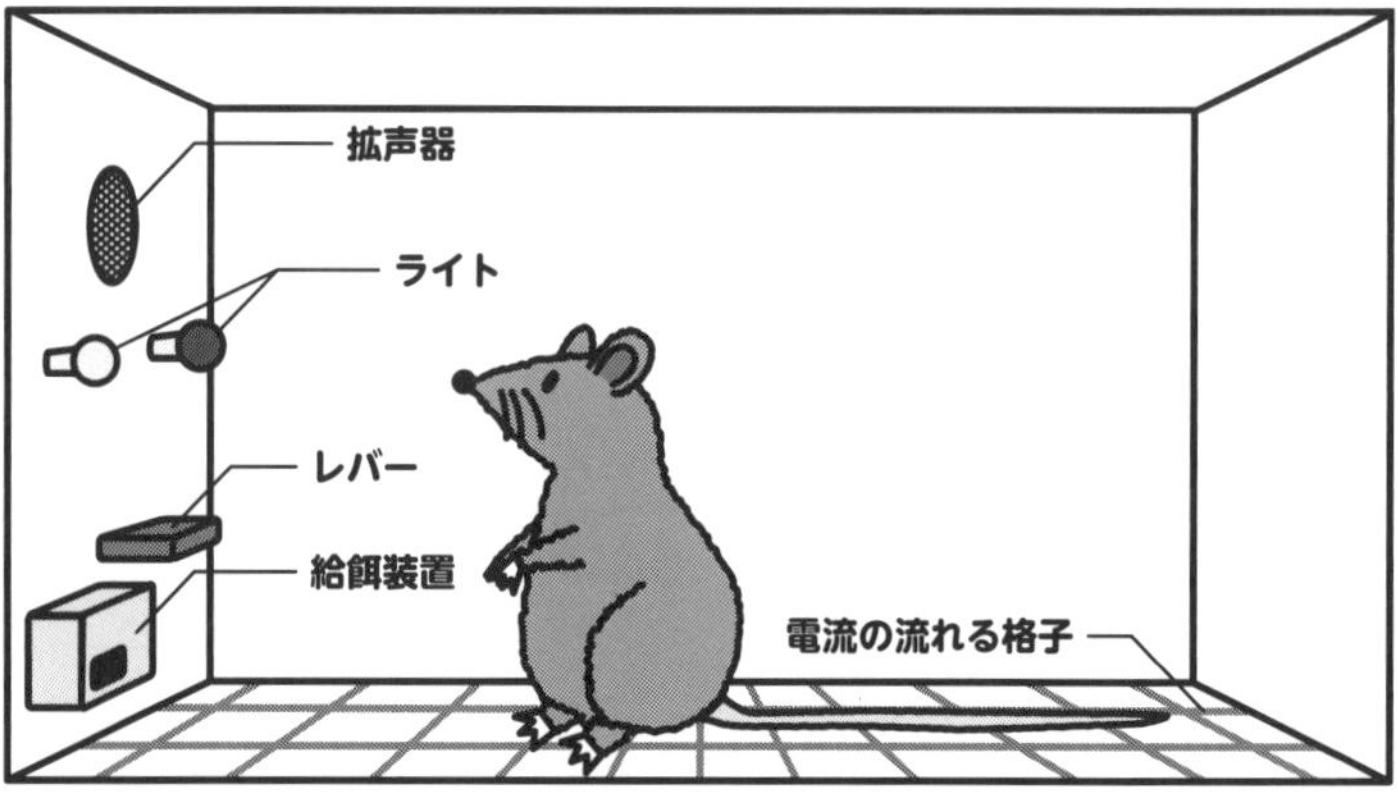

この実験のポイントは、初めのうちラットはレバーを押すと餌が出てくることを知りませんが、何度か偶然が重なると「レバーを押せば餌が出てくる」ということを学習し、自らレバーを押すようになるということです。

そしてこの自発的な反応（行動）を「オペラント反応」（またはオペラント行動）と呼びます。また、行動の直後に餌（報酬）を与える操作のことを「強化」といいます。

連続強化と部分強化

ラットがレバーを押し（オペラント反応）、餌（報酬）が出てくる操作のことを強化と呼ぶわけですが、この強化は「連続強化」と「部分強化」の2種類に分かれます。連続強化はラットがレバーを押すたびに餌が出てくる操作のことをいいます。一方、部分強化はラットがレバーを押しても毎回餌が出てくるわけではなく、ランダムに餌が出てくる操作のことをいいます。

スキナー箱の実験の結果、レバーを押すと餌が出てくると学習したあとに、レバーを押しても、餌を出さなくすると、ラットの反応は次第になくなっていくことがわかりました。

しかし、ここからが大事なポイントです。なんと、ラットにあらかじめ部分強化を学習させると、強化をやめても反応はなかなか消えず、反応が持続することがわかったのです。

つまり、レバーを押すとランダムで餌が出てくることを知ったラットは、餌が出なくなってからもレバーを押し続けたということです。

スキナーは箱の実験結果だけではなく、それに基づいて「行動分析学」という学問体系を創始しました。行動分析学は医療、ビジネス、スポーツ、家庭など様々な現場で大きな成果を上げている学問です。中でも「応用行動分析」という分野は、ギャンブル問題を含む精神的な病気に対しても活用されています。

ギャンブルといえばパチンコがありますが、パチンコ台には様々な機種があります。機種ごとに1／99とか、1／399のように「当たりの確率」が設定されています。この確率というのは、例えば1／99の場合、「99回チャレンジすると必ず1回は当たる」という意味ではありません。「1回1回のチャレンジごとに、1／99の抽せんを行っている」という意味です。これを、確率の世界では「独立事象」といいます。「各試行（抽せん）は、完全に独立していて、前の事象には影響されない」というものです。

例えば、白のボールが98個、赤の当たりボールが1個入っている箱があったとします（1

／99で当たり)。ボールを引く人が引いたボールを箱に戻して、次の人がまた99個のボールの中からひとつ取り出す、というイメージです。この場合、ボールを引く全員が1／99の抽せんを行うことになります。

一方、ボールを引く人がそのボールを箱に戻さずに抽せんを行っていって、最後の1個を残して当たりの赤が出ていない、とすれば、その1個は100%当たりだとわかります。

このように、事象A（当たりを引く）が起きたか起きなかったかということが、事象B（次の人が当たりを引く）の起こる確率に影響するとき、事象Bは事象Aの「従属事象である」といいます。1回目に抽せんする人は1／99の抽せん。そこで当たりが出なければ、次の人は1／98の抽せん……最後まで当たりが出なければ、99人目は1／1（100%）の抽せん、という具合に、n回目の当たり確率がn－1回目までの観測結果に影響される、というものです。

ここでポイントとなるのは、スキナー箱の実験でもわかるように、「人は従属事象よりも独立事象に魅力を感じる」ということです。こういった理由から、パチンコは独立事象のゲームなのです。

また、スキナーは「迷信」が生まれるメカニズムについても言及しています。例えば、空腹のラットを箱に入れて、その行動にかかわりなく15秒ごとに餌を出すようにすると、餌が出る直前に頭を上げたり、スキナー箱の中をひと回りしたりといった特異な行動が現れます。1948年にこの現象を観察したスキナーは、ラットはあたかも「その行動が餌出現の原因である」かのように振る舞ったとして、これは人間の迷信やジンクスが生まれることと同じメカニズムで形成されたものだと考えました。

迷信は「錯誤相関」

迷信は、個人や集団の偶然的な経験からスタートすることがあります。「最初になにかをしたらうまくいった」あるいは「災厄を避けることができた」ということがきっかけとなるのです。

「雨ごいの儀式」というのは世界中で見られますが、この成立にも似たようなプロセスがあったのではないでしょうか。雨が降ってほしくて困っているときに、過去に雨が降った直前になにがあったかを考え、それを再現してみて、雨が降ったら「これこそが、雨を降らせる行動だ！」と雨ごいの儀式が成立したという訳です。スキナー箱のラットの迷信行動と同じです。

雨ごいの儀式は、効果がなければ別の雨ごい師を呼んだりします。雨ごいは雨が降るまで続けられるので、やっているうちにいずれ雨が降ります。そして実際のところは、天気など人間が干渉しようがないのに、「あの雨ごい師はホンモノだ」と信じてしまいます。
「雨ごいをすると雨が降る」という、本来関係のない二つの出来事を結びつけて考えることを「錯誤相関」といいます。錯誤相関が起きる理由は、人の記憶のメカニズムに原因があります。人はすべての物事を同じように記憶する訳ではなく、普段と違うことや強く感情が動いたことをより強く記憶します。

雨が降らなくて困っている、助けてほしい（恐怖、不安という強い感情）
↓
雨ごい師が雨ごいの儀式をする
↓
雨が降る（良かった！　助かった！　という強い感情）

自分が困っているときに助けてくれる人がいれば、たとえ偶然であってもその人のことを強く記憶すると思います。ドラマチックな出来事を過大評価してしまいがちなのです。また、例えば「宝くじが当たった」という体験をしたときに「今回は確か、宝くじを冷蔵庫に入れて置いたんだっけ」というように、成功や失敗がなにによるものなのかを考えたときに、普段と違った行動やそのときに起きたことが思い出されます。そして、二つを因果関係で結びつければ「宝くじを冷蔵庫で寝かせると当たる」という立派な迷信が完成するというわけです。

しかし、「宝くじを冷蔵庫で寝かせると当たる」ということを科学的に証明するには、もちろん個人の経験論だけではダメで、統計学による裏づけが必須です。普段通りだったことも同様に考慮し、なにが事象に影響を及ぼしたのか（あるいは及ぼしていないのか）を考えなければなりません。

- 宝くじを冷蔵庫で寝かせた×宝くじが当たった
- 宝くじを冷蔵庫で寝かせた×宝くじが外れた
- 宝くじを冷蔵庫で寝かせなかった×宝くじが当たった
- 宝くじを冷蔵庫で寝かせなかった×宝くじが外れた

この4パターンを検証しなければ、本当の関係性はわかりません。しかし、人間は「宝くじを冷蔵庫で寝かせた」と「宝くじが当たった」のパターンのみが記憶に強く残るため、この二つを錯誤相関してしまいます。つまり**人間は、本能的に科学的ではない**のです。

自分が錯誤相関しないということはないですし、他人の錯誤相関を訂正するには大変な労力が必要になる、ということは肝《きも》に銘《めい》じておきましょう。

「傘を忘れた日に限って雨が降る」理論

「傘を忘れた日に限って雨が降る」というのも立派な錯誤相関の例です。「雨に打たれる」ことは強い感情的体験が伴うため、「傘を忘れる→雨が降ることが多い」という誤った結びつけをしてしまいます。

「パワーストーンを買ったら宝くじが当たった！」「あの占い師のいう通りにしたから、事故が起きても軽傷ですんだ！」という解釈も錯誤相関の例です。占いやパワーストーンを否定しているわけではなく、「自分がコントロールできることではなく、できないことにお金や時間などの労力を費やすのは合理的ではない」ということです。

「『占いは統計学』というのは本当ですか？」と聞かれることがありますが、私は甚《はなは》だ怪しいと思っています。どちらかというと、「占い師のアドバイスによってそちらに導かれる」

と考えるほうがしっくりきます。

例えば、「あなたが25歳になったときに会社で出会った人が運命の人よ。とても良い人」というアドバイスをもらったとします。そうすると、その占い師の言葉をなんとなく覚えていて、「あっ、この人が私の運命の人なのかもしれない」と思います。もし、その占い師がアドバイスをしていなかったら、同じ状況になったとしても「私の運命の人は、いつ現れるのだろう」と思っているかもしれません。

つまり、占い師は過去の統計データに基づいて、人の未来を予想しているというよりは、そうなるような記憶のきっかけを作っている可能性があるのではないか、というのが私の見解です。

思い込みが力になる「プラセボ効果」

ただの水なのに「がんが治る魔法の水です」ということを信じて、本当にがんが治ったりすることもあるのが人間の面白いところです。これを「プラセボ効果」といいます。新薬の開発などをするときは、プラセボ効果を除外して検証する必要があります。そうしないと、どんな薬でも「効くと思ったら効く薬」ということになってしまいます。

いい方を変えると、偽薬でも実際に効果が出てしまうほどに、人の「思い込み」の力というのは意外と無視できないのです。

思い込みをいい方向に働かせるために、エディンバラ大学のスティーブ・ローナン教授の研究を紹介します。

〈実験〉

① 被験者にPCで質問に応えてもらう
② AとBの正答率を比較した
A:「質問の前に答えが一瞬だけ表示される」(ほとんど認識できないくらいの早さで、デタラメな答えが出る)
B:「質問が表示される」

正答率は、A>Bとなりました。

〈解釈〉

『自分は答えを知っている、自分はこの問題の正解を出せる』という思い込みが、正解を出す力を上げられる」ということがわかった。

「やればできる」という思い込みは、「諦めずに問題に取り組む力を上げてくれる」ということがわかります。心理学では、「やればできる」という感覚を「自己効力感」といいます。

自己効力感が高い人は、仕事でも成果を出しやすいということがわかっています。

企業では、「自己効力感の高さ」を採用基準に取り入れているところもあります。自己効力感の高さを判断するものとして、「過去の成功体験の多さ」があります。「成功体験が多い人なのかどうか？」を面接などで質問して確認するわけです。

「もともと能力が高いから成功できるんじゃないの？」と思うかもしれませんが、テキサス大学などの研究によると、「能力があり自信がある人」と「能力があっても自信がない人」を比較すると、世帯年収換算で1000万円くらいの大きな差があることがわかっています。

「もともとの能力」というのは変えられないものです。配られたカードで勝負するしかないのですから、努力できることで勝負しましょう。そういった意味で、自己効力感というのは、小さな成功体験を多く積めば向上します。当たり前ですが、成功体験が多いと自分に自信がつきます。それが、「自分はやればできる人間なんだ」と思わせてくれるのです。

しかし、「成功体験を積みまくりましょう！」といっても、「失敗をしてはいけない」といっているのではありません。むしろ、たくさんの失敗をしたほうがいいでしょう。失敗の不安を解消する一番いい方法は、失敗をしてみて「あっ、思っていたより痛くないじゃん」という経験なのです。それにより、本当の意味で失敗がそれほど怖くなくなり挑戦できるようになります。誤解をしないでほしいのですが、「数をこなせば上手くなる」という安易なものではありません。なにかにチャレンジするとき、「上手くやろう」とすると怖くなるものです。そうではなくて、「これをしたらどうなるだろう？」という実験をする気持ちで取り組んでみることをおすすめします。

国内最大級のオンラインサロンを運営している、お笑い芸人のキングコング西野《にしの》亮廣《あきひろ》さんは、「失敗はデータがとれないことである」といっています。私もこれには強く同意します。過去に上手くいったことが、今後も上手くいくとは限りません。「先が読めない」「前例がない」という状況では、派手にこけない程度にちょっと試してみる。そして、そこから得られたデータを振り返る。そこから、だんだんと精度を上げていく。ということが、仮説検証の基本中の基本なのです。「自信は持つものではなく、つけていくものだ」ということを忘れないように。

人は都合の良いように世界を見ている

人が世界を見るときにかける色眼鏡のことを「パラダイム」や「フレーム」といいます。人は世界をあるがままに見ているわけではなく、自分の色眼鏡を通して見ています。中でも、その色眼鏡によって悪い結果を及ぼしているものを「認知の歪み」や「バイアス」といいます。色眼鏡には、判断を誤らせるものや記憶を歪めるもの、人間関係を乱すものなど様々な種類が存在していて、確認されたものだけでも170件以上あります。

しかし、前述の「プラセボ効果」の例のように、良い思い込みも存在します。重要なのは、色眼鏡を外してあるがままの世界を見られるようになることよりも（そんなことは到底不可能です）、「悪い結果を及ぼす色眼鏡はなにか？」に注目して、訂正することです。それは、統計学を意思決定のツールとして使う際、覚えておかなければならない大事なものです。悪い結果を及ぼす色眼鏡の例をいくつかご紹介しましょう。

お金を払っていたとしても、つまらない映画はすぐに観るのを止めよう

あなたが、2000円を払って映画を観ているとします。「あれ!? なんだこの映画、つまらないな」と思ったとき、あなたはどういう行動をとりますか？ 多くの人は、つまらないなと思いながらもそのまま見続けるか、つまらな過ぎてそのまま寝てしまうでしょう。「お金（コスト）を払ったんだから、元を取らないと」という心理が働くためです。自分がコストをかけたものほど執着してしまう「サンクコストバイアス」が働いているためです。しかし、経済的に成功している人はそうは考えません。たとえお金を払っていても、「つまらない」「価値がない」と思ったのなら、できるだけ早く席を立って別のことに時間を使います。

投資の世界では、損が出ているときに「そのうち上がるはず！」と保有し続けると大損します。それを避けるため、「損切り」といって、ある程度の損が出たところで保有資産を

売ります。

ちなみに、「コスト」の意味には「お金」だけでなく「時間」や「労力」なども含みます。「生贄《いけにえ》という大きな代償を払ったのだから雨が降ったのだ」というように、「これだけ時間をかけたんだから」「あれだけ頑張ったのだから」というのは、バイアスに囚われているのかもしれません。ギャンブルにおいても、負け続けるほど、「少しでも取り戻したい」という心理が働いて、さらにつぎ込む、という負のループが生まれてしまうのです。

自分が嫌なことは、人にもしないは大ウソ

人の心理的なクセのひとつに、「投影」があります。小さい頃、親や先生に「自分がされて嫌なことは、相手も嫌なのだからしちゃダメよ」と教えられませんでしたか？　これは、半分は間違いです。子どもの頃は本能による行動や感情で生活しているため、本質的には「自分が好きなものはみんなも好き、嫌いなものはみんなも嫌い」というシンプルな世界で生きていました。

しかし、大人になると理性が発達してきます。自分の好きや嫌いといった感情は、本能的なものに加え「過去の経験」という要素が入ってきます。つまり、大人になってからの感情は、これまでの経験が違えばその分多様になるということです。これが俗にいう「価値観」の違いを生むわけです。

しかし、大人になっても「自分がいいと思うものは、ほかの人もいいと思うはずだ」と

無意識に思い込んでしまうのが投影です。これを認識していないと、「普通こうするでしょ！」「当たり前だろう？」「なんでわかってくれないの？」といった衝突が起こります。

自分の価値観を他人へ投影する、というのは一般的に知られていますが、今の自分の価値観を未来の自分の価値観へ投影する、というケースもあるのです。

買い物は〝満腹時〟にしたほうがいい理由

統計学の利用目的のひとつは未来を予測することですが、人の致命的な弱点のひとつに、未来予測がすごく苦手という「プロジェクションバイアス」（プロジェクション＝投影）があります。このバイアスは、簡単にいうと「今の状態が、将来もずっと続くだろう」という思い込みです。自分の今の感情や考えを、未来に投影してしまうことです。

例えば、お腹が減っているときに買い物に行くと、「こんなに食べきれない」というほどの食材やおやつを買ってしまった経験はありませんか？

今：お腹が空いている

↓

未来：食べても食べても、お腹がずっと空いているだろう

これが、プロジェクションバイアスの仕業です。食材の買い物はなるべく満腹状態のときにしたほうがいいですし、居酒屋で料理を注文するときも、最初に一気に頼むのではなく少しずつ頼んだほうがいいでしょう。

私たちは、こういった数々のバイアスに囚われて、無意識のうちによくない結果を引き起こしていることがあります。

誰しも様々な色の色眼鏡をとおして世界を見ています。数字やデータはウソをつきませんが、色眼鏡で数字やデータを見ていないか一度立ち止まってみましょう。

第9章

お金が貯まらない本当の理由

——プロスペクト理論——

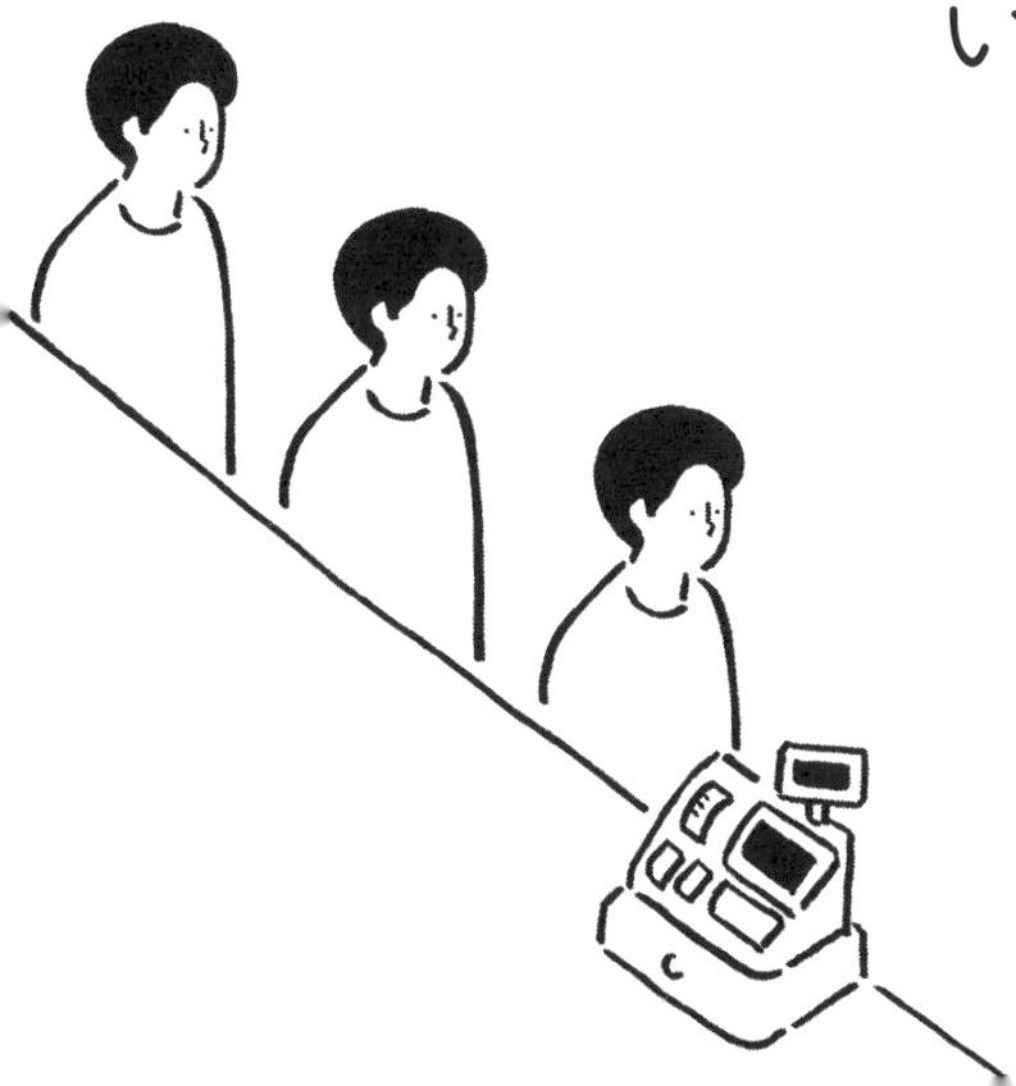

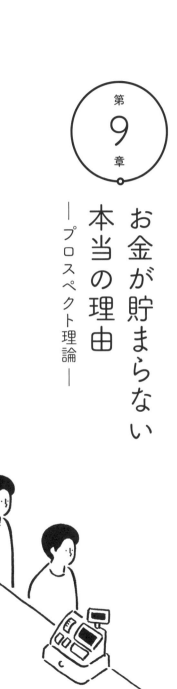

人は、客観的数字ではなく心理的インパクトで判断する

突然ですが、次の二つの質問に直感で答えてください。

〈質問1〉 どちらのくじを選びますか？

A：90万円もらえる確率が１００％のくじ

B：１００万円もらえる確率が90％のくじ

〈質問2〉 どちらのくじを選びますか？

A：90万円を失う確率が１００％のくじ

B：１００万円を失う確率が90％のくじ

「直感で選んでください」といっておきながら、どちらを選ぶのが数学的に正しいのかを先に検証してみたいと思います。

客観的な正しさは、第2章で解説した「期待値」を計算します。期待値とは「1回くじを引いたときの、取りうる値の平均値」です。この値の高いほうを選ぶ、ということです。

期待値の計算は、

取りうる値×その値を取る確率（の合計）

で求められます。それでは計算してみましょう。

〈質問1〉
Aのクジの期待値＝90万円×1（100％）＝90万円
Bのクジの期待値＝100万円×0・9（90％）＝90万円
〈結果〉AもBも同じ期待値（数学的な正しさは一緒）

〈質問2〉
Aのくじの期待値＝−90万円×1（100％）＝−90万円
Bのくじの期待値＝−100万円×0・9（90％）＝−90万円
〈結果〉 AもBも同じ期待値（数学的な正しさは一緒）

期待値が同じで、回答者の属性に偏りがなく（例えば主婦層だけなど）、幅広い属性がランダムに選ばれているのであれば、あとは好みの問題で、AとBに半々くらいに分かれるはずです。しかし、〈質問1〉ではAを選ぶ人が多くて、〈質問2〉ではBのほうが多いというように、〝選択の好み〟に偏りが出ることがわかっています。

「もらえる」といったときは確実なほう（確率100％）を選ぶのに、「失う」といったときはリスクを取る（100％でない）人が多いのです。これを「プロスペクト理論」といいます。

プロスペクト理論は1979年に米国のダニエル・カーネマンとエイモス・トベルスキーという2人の心理学者により発表されました。ダニエル・カーネマンは、経済学の数学モデルに人の心理学的な行動モデルを組み込んだ「行動経済学」の学者で、2002年にノーベル経済学賞を受賞しています。プロスペクト理論は古典的な理論なのですが、今でも行動経済学や消費者行動の分野では、もれなく学ぶ理論のひとつです。

それでは、もう少し例題を見てみましょう。

〈質問1〉どちらを選びますか？
選択肢A：100万円が無条件で手に入る
選択肢B：コインを投げ、表が出たら200万円が手に入り、裏が出たらなにも手に入らない

〈質問2〉あなたは200万円の負債を抱えています。どちらを選びますか？
選択肢A：無条件で負債が100万円減額され、負債総額が100万円となる
選択肢B：コインを投げ、表が出たら負債が全額免除されるが、裏が出たら負債総額は変わらない

これは、プロスペクト理論を証明するために行われた、ダニエル・カーネマンの「コイン実験」といわれるものです。

〈質問1〉は、どちらの選択肢も手に入る金額の期待値は100万円と同額です。それにも関わらず、「選択肢A」を選ぶ人のほうが圧倒的に多い結果になりました。

〈質問2〉も、どちらの選択肢も期待値は−100万円と同額です。しかし、「選択肢B」を選ぶ人が多かったのです。

この実験の面白いところは、それだけではありません。普通に考えれば、〈質問1〉で「選択肢A」（確実に受け取れる選択）を選んだ人ならば、〈質問2〉でも「選択肢A」（確

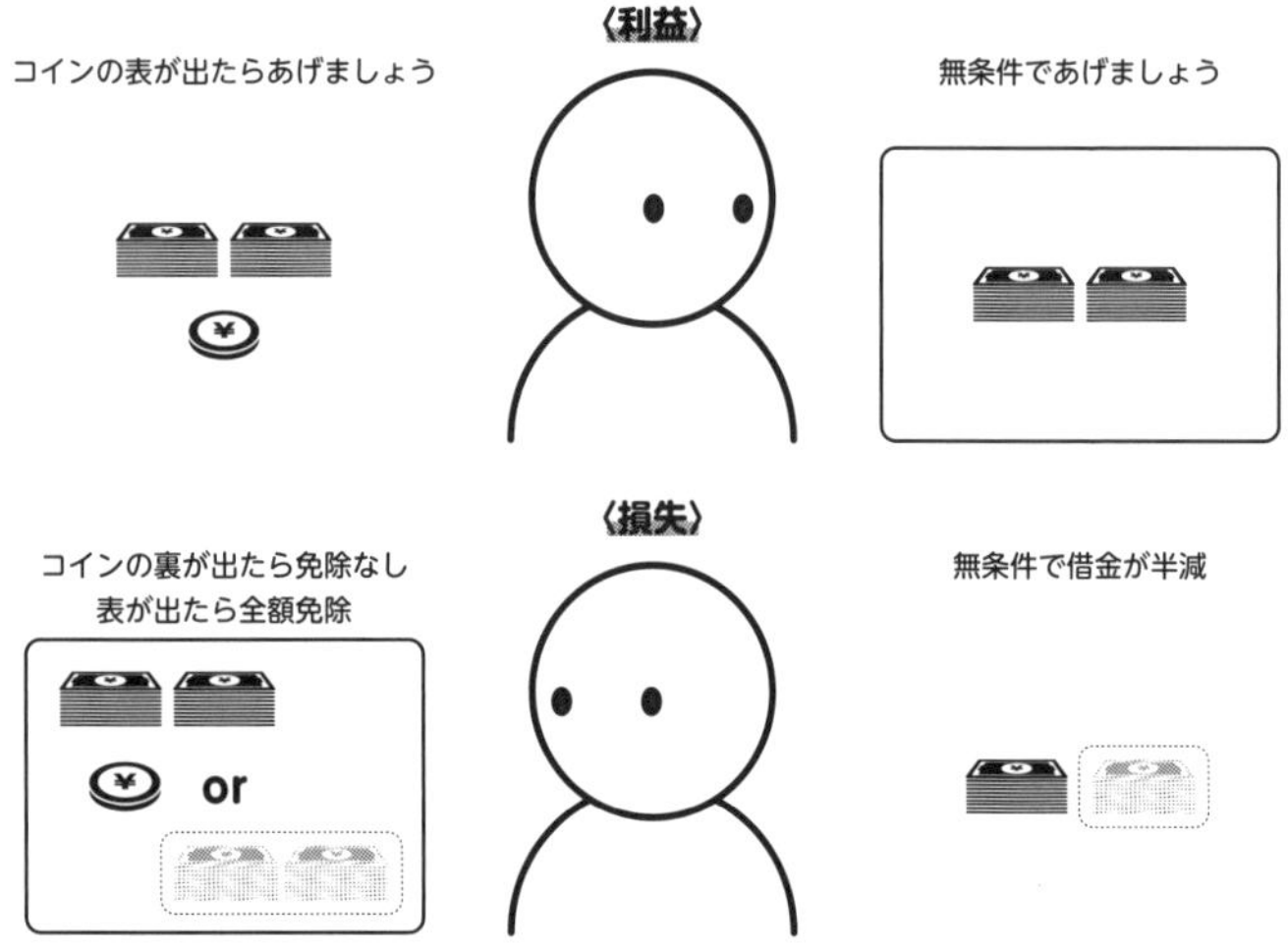
〈利益〉
コインの表が出たらあげましょう
無条件であげましょう
〈損失〉
コインの裏が出たら免除なし
表が出たら全額免除
or
無条件で借金が半減

実に受け取れる選択）を選ぶのでは？　と思われるかもしれません。しかし、〈質問1〉で「選択肢A」を選んだほぼすべての人が、〈質問2〉ではギャンブル性の高い「選択肢B」を選ぶことが実証されました。

この実験では、客観的な数値である期待値が同じ状況でも「損失」のとらえ方によって人の選択は変わるのかを検証しています。〈質問1〉の場合は「50％の確率でなにも手に入らない」という損失を回避し、「100％の確率で確実に100万円を手に入れよう」としていると考えられます。〈質問2〉の場合は「100％の確率で確実に100万円を減額される」という損失を回避し、「50％の確率で全額免除されよう」とすると考えられます。

実験結果が意味することは、「人間は目の前に利益を提示されると利益が手に入らないという損失の回避を優先し、目の前に損失を提示されると損失そのものを回避しようとする傾向がある」ということです。これを、心理学では「損失回避バイアス」といいます。言い換えると、「人は得をすることよりも、損をしないことを優先する」ということになります。人を説得したいなら、「お得ですよ！」よりも「損しますよ？」という言い方や見せ方のほうが効果的といえるでしょう。

以下二つの状況のうち、「プロスペクト理論」を応用するなら、どちらの打ち出し方が適切でしょうか？

〈設問1〉あなたの会社では、定価で100万円する商品の割引キャンペーンを行います。どちらのキャンペーンを行いますか？

キャンペーンA：100万円が無条件で半額となり、50万円で購入できる

キャンペーンB：100万円が50％の確率で全額免除となる

〈設問2〉分割ローンが100万円程度残っている人に、残金を減額するキャンペーンを行います。どちらのキャンペーンを行いますか？

キャンペーンA：100万円の借金が無条件で50％減額され、返済額が50万円になる

キャンペーンB：100万円の借金が50％の確率で全額帳消しになる

〈正解〉

〈設問1〉→キャンペーンA

〈設問2〉→キャンペーンB

（実際には、ABテストをしてみないと、どちらが有効かというのはわかりません。顧客の属性によっても反応率が変わるためです）

金額が大きくなるほど、感覚は麻痺する

プロスペクト理論では「金額の大きさと、主観的に感じる価値は一致しない。金額が2倍になると、主観的に感じる価値は2倍にはならず、2倍弱（1・6倍ぐらい）になる」ということもわかっています。「金額の絶対値が大きくなるほど感覚が鈍感になる」ということです。大きな買い物ほど、金銭感覚が麻痺してしまうことです。

図9－1は、人がお金に関わる意思決定をするときに、頭の中でどういった計算が行われているのかを図式化したものです。S字の形をした線を「価値関数」といいます。数学の授業に出てくる一次関数とか二次関数は、中学生のときに確か勉強しました。「関数」というのは、数値の変換装置のことです。何かの数値を入れると、別の何かの数値に変換してくれるものです。

価値関数は、「客観的な数値（金額）を人間の主観的な数値（価値）に変換する装置のことだ」と思ってください。この価値関数をもとに、「この金額はお得なのかどうか」を判断している、ということです。もし合理的な選択をしているのであれば、客観的な数値（金額）と主観的な数値（価値）が一致するはずです。しかし、人は必ずしも客観的で合理的な選択をしているわけではなく、どちらかといえば主観的な価値感覚を頼りに、「なんとなく」選択をしています。

人は客観的な数値をそのまま正しくとらえているのではありません。「金額」という客観的な情報を価値関数という変換装置にいったん入れて、心理的なインパクト（主観的数値）に変換してから判断しているということです。図9－1では横軸が「金額」、縦軸が「価値」です。横軸ではなく縦軸で判断しているということです。

一消費者としては、金額そのものではなく、主観的な価値で判断していることを自覚していなければ、「いつの間にかお金がない」ということになりかねません。

一方で、マーケティングで重要なのは、金額という客観的なものさしを操作することではなく、人が実際に感じる「価値」という主観的なものさしを操作することです。安易に

図9-1　もらえる金額が倍になったときの気持ちの変化

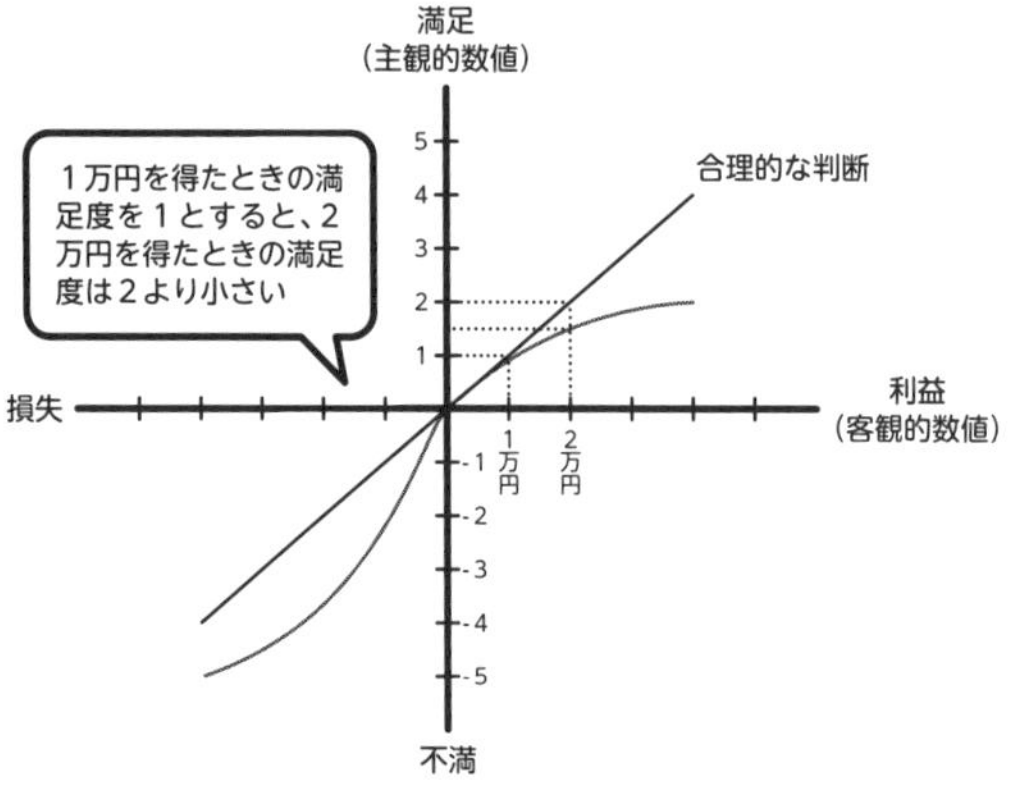

図9-2　同額をもらったときと失ったときの気持ちの比較

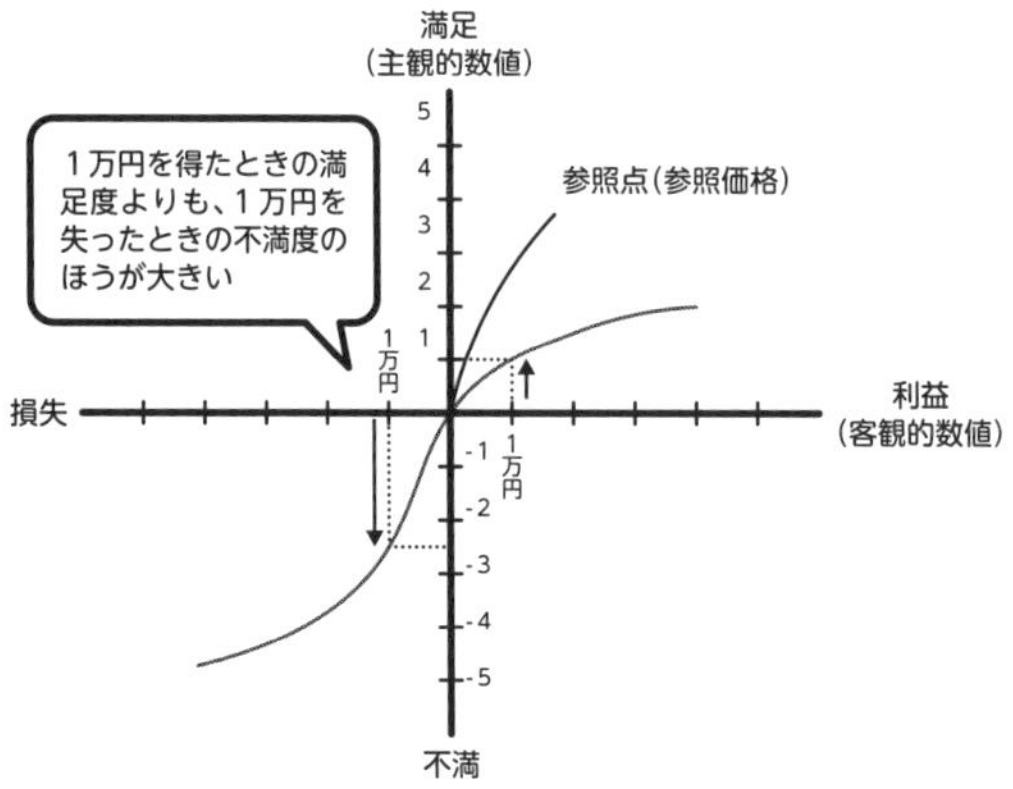

「高いから売れないんだ、値下げしよう」というのは、客観的なものさしを操作しているにすぎず、あまり良い選択とはいえません。金額はそのままに、「いかにお得に見せるか」を考えたほうがいいでしょう。

プロスペクト理論は、私たちの日常のあらゆる場面に密《ひそ》かに存在しています。先ほどの「得をするよりも損を避けたい」損失回避バイアスについても、この価値関数で説明することができます。

1万円を得たとき（得をする）の嬉しさ（主観的な数値）が1だとすると、1万円を失ったときの悲しさ（主観的な数値）は2倍以上になっています（図9－2）。

また、横軸と縦軸のクロスする箇所は、「参照価格」や「参照点」といわれています。これを説明するために、再びダニエル・カーネマンの実験を紹介します。

〈実験1〉
状況：ジャケット（125ドル）と電卓（15ドル）を買う

A：この店で、ジャケット（125ドル）と電卓（15ドル）を買う

B：「自転車で20分はかかる支店だと、電卓が10ドルになりますよ」という

↓Bを選んだ人が68％

〈実験2〉

状況：同じ

A：この店で、ジャケット（125ドル）と電卓（15ドル）を買う

C：「自転車で20分はかかる支店だと、ジャケットが120ドルになりますよ」という

↓Cを選んだ人が29％

この実験の意味するところは、総額140ドルから5ドル安くなるという状況は、〈実験1〉も〈実験2〉も変わらないのに、

B：15ドル↓10ドルで、33％値引き

C：125ドル↓120ドルで、4％値引き

では、値引き率の大きいBのほうが魅力的に見える（わざわざ自転車で20分走ってもいいと思える）ということになります。

Bの場合の参照価格（基準となる価格）は15ドルで、そこからの変化の大きさ（値引き率）が33％。Cの場合の参照価格（基準となる価格）は125ドルで、そこからの変化の大きさ（値引き率）が4％。どちらも−5ドルで値引き額は同じでも、値引き率で「お得かどうか」を判断しているということです。

例えば、100万円の車を1万円引きされてもあまり嬉しくないのに、スーパーの買い物では、数十円～数百円安くなっているだけでも嬉しく感じます。でも本当は、高い買い物ほど値切れるだけ値切ったほうがいいはずです。

消費者目線で考えると、「50％割引」という表示に踊らされて大して欲しくもない商品を次々と商品かごに入れるのではなく、「結局いくら安くなるのか？」という金額の絶対値を気にしてから「買いかどうか」を判断したほうがいいでしょう。

その値段が、高いと感じるか安いと感じるかは参照価格で決まります。しかし、「定価がいくらか?」は、場合によってはあまり関係ありません。例えば、「ドーナツ100円セール」で、定価200円が100円になるキャンペーンを頻発しすぎると、だんだんとセールのお得感が薄れ、定価の200円ではなく100円のほうが参照価格になったりすることもあります。そうすると、定価で売られているドーナツが割高に感じてしまい、定価で売れなくなってしまうということが起きる場合もあります。コンビニの「おにぎり100円セール」は、変則的にやるからお得な感じがするのです。

さて、プロスペクト理論のポイントを三つにまとめると、次の通りです。

① 金額(客観的数値)に対する心理的なインパクト(主観的数値)は、得られる場合も失う場合も、金額の絶対値が大きくなるほど、鈍感になっていく

② お金を1得たときの嬉しさ(主観的な数値)が1だとしたら、お金を1失ったときの悲しさ(主観的な数値)は、-2倍以上になる

③「お得感」は、金額の絶対値(いくら安くなるか)ではなく参照価格からの変化率(割引率)でとらえる

プロスペクト理論を応用した「心理会計」

多くの会社では、給与とボーナスは別々に支給される一方で、所得税は給与天引きされることが多いのではないでしょうか？「給与とボーナスが同時支給でも、もらえる金額が変わらないのならそれでもいいのでは？」と疑問に思った人もいるかもしれません。「もらえるもの（給料）ともらえるもの（ボーナス）」、「もらえるもの（給料）と失うもの（所得税）」などのように、複数の利益や損失が絡み合う場合に、「人が一番感じる価値が高くなるように、支給や徴収の仕方を最適化しよう」とするのが「心理会計」です。そして、これらはプロスペクト理論ですべて説明できます。

例えば、以下のような問題は、プロスペクト理論を応用すると答えを出すことができます。

①給与とボーナスは、別々に支給したほうがいいか一緒がいいか
②所得税と住民税は、別々に徴収したほうがいいか一緒がいいか
③所得税の徴収は、給与天引きがいいかあとから徴収がいいか
④割引をするときは、その場で現金割引がいいかあとからキャッシュバックがいいか

このような日常の様々な例は、プロスペクト理論で最適解を導くことができます。事例を知ると、いろいろなところにプロスペクト理論が応用されていることに気がつきます。私たちが特に気をつけたいのは、高額な買い物になるほど鈍感になるということです。車や高級品はドーンと買ってしまうのに、毎日半額の見切り品を買って食費を削っているという人をたくさん見てきました。細かいところで節約するよりも、なるべく額の大きいところから節約できるものはないかを検討したほうがいいでしょう。

第10章

トップがやっている「未来予測」

―確率分布―

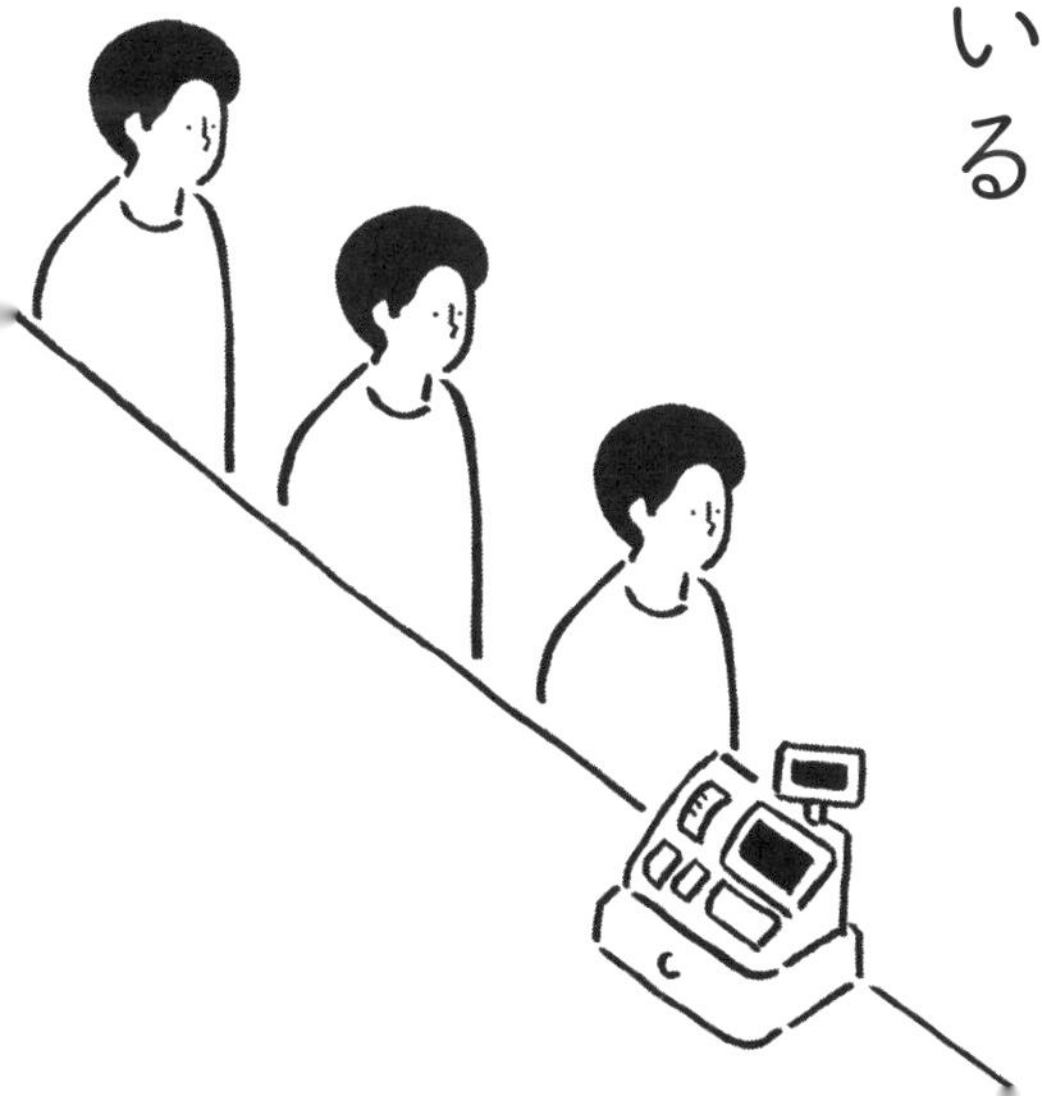

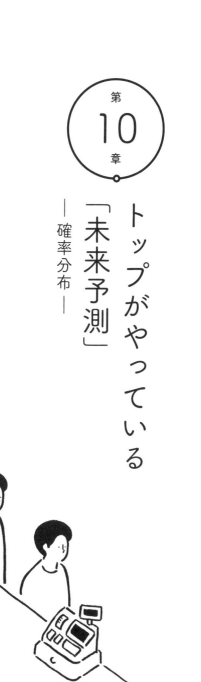

人間とAI、どちらが勝つ!?

株式会社日立製作所のデータ研究チームが、人間のマーケティング専門家と同社製のAI「Hitachi AI Technology/H」（以下、H）を競争させ、どちらが売上を増やせるかという実験を行いました。

実験では、あるホームセンターの店舗スタッフ全員がHをぶら下げ、さらに来店したお客さんにもランダムに選んで装着をお願いしました。Hによるデータ収集は、10日間にわたって行われました。Hとレジでの購買記録と突き合わせ、スタッフやお客さんがどのような状況のときに、客単価が上がっているのかを調べました。

Hは10日間もの膨大なデータから6000個もの要素を自動的に抽出し、これらと売上との相関関係をチェックしていきました。AIを扱う人間の技術者は、売上向上の仮説を立てたり、一般的な市場予測などを盛り込んだりはしませんでした。ひたすら機械的に、10

日間の店舗内の機器データのみをHに分析させたのです。

人間のマーケティング専門家は、店舗スタッフへのヒアリングや自らの市場知識などを駆使して、顧客単価を上げるための方法を考えました。専門家の結論は、「水道用品やLED照明などの注力商品を決めて、ポップアップ広告などを設置する」というものでした。対して、Hが出した結論は驚くべきものでした。「店内のある特定の場所に、スタッフを配置せよ」というものでした。

結果は明白でした。人間の専門家が行った施策はほとんど売上には影響しませんでした。一方で、Hの分析をもとに特定のスポットにスタッフが滞在する時間を1・7倍に増やしてみたところ、なんと店舗全体の客単価が15%も増えたのです。入り口正面の通路突き当たりのマグネットと呼ばれる売り場で、スタッフがそこでの滞在時間を10秒間延ばすごとに、そのとき店内にいる顧客の購買金額が平均145円も向上すると計算しました。

なぜ、この結果が売上アップにつながったのかという考察は、スタッフが高感度スポットに長く滞在した結果、接客する時間が増え、接客時の身体運動（ボディランゲージなど）も活発化したためというものでした。注目すべきは、「顧客との接客時間の長さとその購買金額とは直接関係していない」ということです。スタッフが接客している場面が多くなる

図10-1　「H」が提示した改善案を行った結果

高感度スポットに従業員がいないときの顧客動線

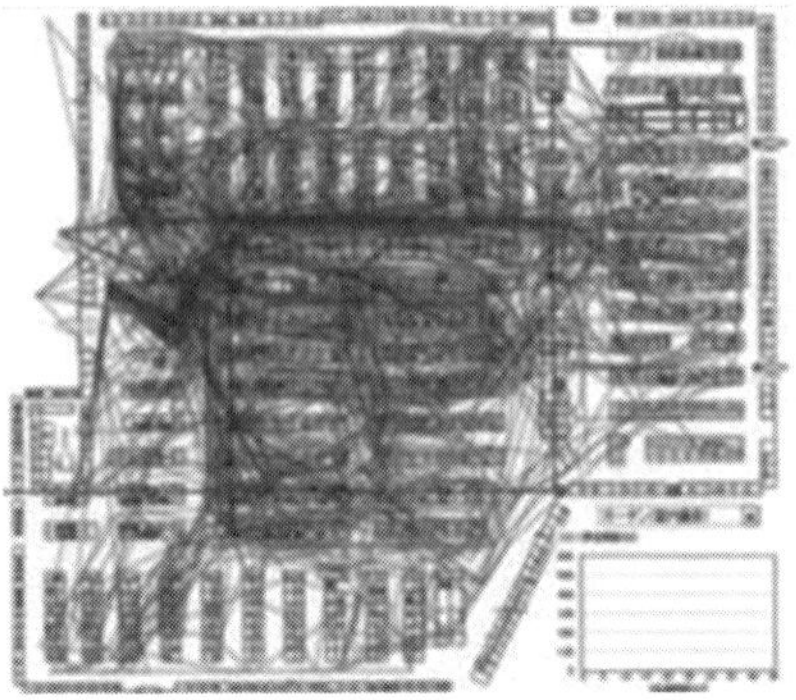

高感度スポット（三角形）に従業員がいるときの顧客動線

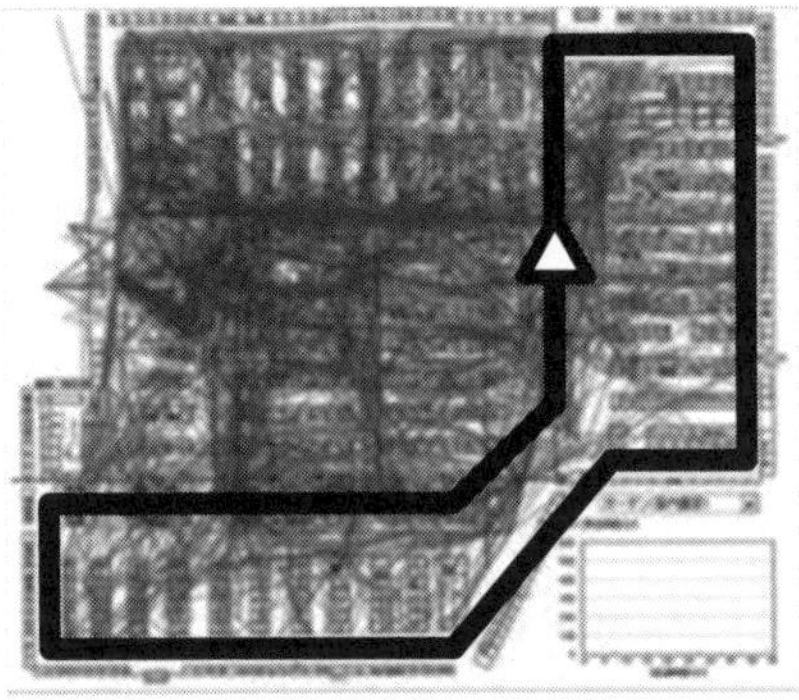

上がこれまでの店舗の様子、下が人工知能「H」が提示した、ホームセンターの売上改善策を行った結果。高感度スポットに店員を配置することにより、明らかに来店客が店舗の隅々まで入り込んでいる（囲んだ部分）ことがわかる。

株式会社日立製作所より写真提供

と、それを見た周りの顧客も、店内での動きがより活発化し滞在時間が増えました。そして、人通りの少なかった高価格商品の棚も周るようになり、購買金額が増える効果が見られたということでした。スタッフの配置変更が店内のにぎわいをもたらし、売上アップにつながったのではないか、ということがわかったのです（図10－1）。

データを読み解けないビジネスパーソン

ユニバーサル・スタジオ・ジャパン（ＵＳＪ）をＶ字回復させた森岡毅《もりおかつよし》さんは、数学を使いこなすマーケターとして有名です。ＵＳＪから経営再建のオファーをもらったとき、「人はなぜテーマパークに行くのか？」と聞かれ、森岡さんは「その答えはわからないが、解き方は知っている」と答えました。

その「解き方」は日立研究所の研究と同じく、「まず、来場者のデータを集めて分析してみる」という方法でした。その結果、テーマパークにくる属性と相関のある要素は「テストステロンの多さ」ということがわかりました。テストステロンというのは男性ホルモンの一種で、テストステロンが多いと活発性や刺激的なもの求めたりする傾向があります。当時、若い女性向けのアトラクションが多かったＵＳＪを一変させ、後ろ向きに走るジェットコースター、ハロウィンの仮装パレード、ハリー・ポッターなど「刺激が強い」アトラクションやイベントを次々と仕掛け、V字回復に成功したのです。

もし森岡さんではないマーケターが関わっていたら、「USJは若い女性の来場者が多いから、もっとその属性が喜ぶアトラクションやグッズを開発してはどうか?」という方向に舵を切っていたかもしれません。

また、個人向けの作業服専門店を展開している株式会社ワークマンは、2011年から10期連続で増収増益を記録している国内最大手企業です。ワークマンが好業績を記録している理由のひとつに、「全員エクセル経営」という方針があります。「たとえ現場の人間であっても、全員がデータを見て、そこから仮説を立て検証していく」というスタイルです。ワークマンのデータ分析を統括している土屋哲雄《つちやてつお》専務は、「高度なデータ分析やAIなどは必要ない。そんなことよりも、データを見て仮説を立て現場で実験できることのほうが重要だ」といっています。

これは、私も同意です。「これからはデータの時代だから」という理由で高価なシステムを導入しても、「現場は使いこなせていなく、結局はエクセルで管理している」という会社さんは多いようです。「戦略的データ・ドリブン・マーケティング」などを教えているノースウェスタン大学のマーク・ジェフリーらが、フォーチュン誌の「フォーチュン1000社」を対象に行った調査によると、「テクノロジーの導入は、企業の業績には直接的には影響を与えるとはいえない」という結果が出ています。では、何が業績に影響を与えるかというと、「組織能力」ということがわかりました。「数字で会話ができ、データをもとに改善していける組織が強い」のです。

「数字で会話をする」とは？

数字で話すことが得意な人は、次のどちらの主張をするでしょうか？

Ａ：この方法を採用すると、年間1000万円の人件費削減が見込めます
Ｂ：この方法を採用すると、最大で年間1000万円、最低でも600万円の人件費削減が見込めます

答えは、Ｂです。
一見、Ａがピンポイントで予測値を出していると思いがちですが、これには問題が二つあります。ひとつは「一体どういう計算をしたんだ？」と細かいところをツッコミたくなること。もうひとつは「状況は常に変わるし、そんなにピンポイントで当てにいって大丈

夫か?」という、聞き手側の不安を煽《あお》ってしまうことです。

こういったピンポイントの予測というのは、細かいところが気になり本題から話が逸《そ》れるという問題と、逆に聞き手に不安を与えてしまうという問題を誘発しやすくなるのです。

一方、Bのような提示の仕方は「ポジティブな状況ではこのくらい、ネガティブな状況ではこのくらい」と幅を持たせて提示することで、「状況を変えてシミュレーションしてくれたんだな」という印象を与え、安心感が生まれます。「あえてツッコミどころを作ることで、論破する」というテクニックもありますが、美しいプレゼンテーションというのは、聞き手が「何もいうことはありません。おっし

図10-2　17歳男性の身長の分布（平均170.6㎝,標準偏差5.87）

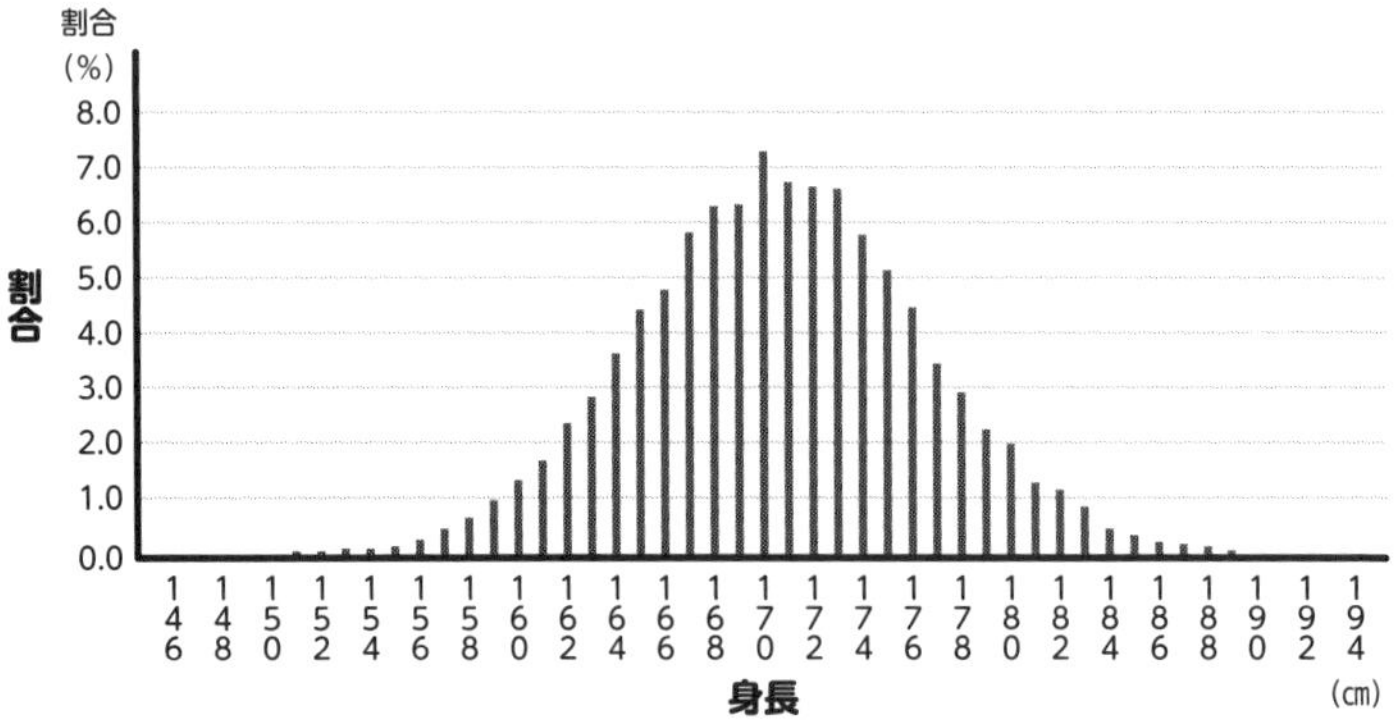

学校保健統計調査（2019年度）「身長の年齢別分布表」より著者作成

ゃる通りだ」という状態を作ることではないでしょうか。**なんらかの予測をするときは、「ピンポイントで当てにいく」ことよりも、「大きく外さないこと」のほうが大事です。**

また、ポジティブな予測とネガティブな予測をどちらも準備しておくと、その真ん中が当たりやすいということは、統計学に出てくる確率分布でも説明することができます。

例えば、17歳の男性の身長のデータの分布を表すと図10－2のようになります。横軸が身長で、縦軸がその身長の人が全体に占める割合（確率）を表しています。

平均身長である170・6㎝あたりにデータが密集していて、140㎝台や190㎝台は少なくなっていきます。こういったデータの分布を「正規分布」といいます。世の中の多くの出来事が発生する確率は正規分布に従います。

人間はもともと、未来予測をすることが苦手な生き物です。予測が下手な人は、一発で「ここだ！」と当てに行こうとします。しかし、**なにかを予測をするときはポジティブな場合の予測とネガティブな場合の予測をどちらも立てることで、そのちょうど真ん中くらいが当たることが多いのです。**

自分よりも他人のことがよくわかる

マーケティングリサーチでは、「この商品を世に出したら、どのくらい売れるのか？」を事前に調べる需要予測調査というものがあります。

一般的には「購買意向調査」といい、必要な情報（商品パッケージや価格など）を見せたり、実際に商品を使ってもらったりしたあとに、

Q．あなたはこの商品を買いたいと思いますか？

①思う
②少し思う
③どちらともいえない
④あまり思わない

⑤思わない

といった設問に回答してもらい、その中で「思う」「少し思う」の割合から、どのくらい売れそうかを予測するやり方が主流でした。「でした」というのは、このやり方では正確な需要予測ができないことがわかってきているからです。購買意向は、実際の購買行動とは一致しないことが多いのです。

代表的なものに、マーケティング史上最大の失敗といわれている「ニューコーク事件」があります。1970~80年代、コカ・コーラのシェアは減少する一方で、ペプシのシェアが伸びていました。当時、ブラインドテスト（目隠しをして味を評価する）では、ほとんどの消費者が「ペプシのほうが美味しい」と答えていました。そこで、コカ・コーラ社でも、「ブラインドテストでペプシに勝てる製品を作ろう！」とし、20万人の調査を経てペプシに勝てる製品『ニューコーク』ができました。しかし、ニューコークはまったく売れませんでした。結局、コカ・コーラ社は、前の製品を『コカ・コーラ クラシック』として再発売しました。

ほかにも、こんな例があります。マクドナルドが、新商品を開発するために顧客に対してアンケート調査を行いました。その結果、「素材にこだわった野菜たっぷりのヘルシーなハンバーガーが食べたい」という回答が多かったので、ヘルシーなハンバーガーを開発しました。しかし、売れませんでした。

こういった失敗例を上げればキリがありません。事前調査では「いい商品だ！　欲しい！」という好意的な意見をもらっていても、実際にそれが市場に出たときには、買わないことはよくあるということです。顧客の声をもとに新しい商品を作るという商品開発方法はよく行われていますが、それを鵜呑みにすると痛い目に遭うのです。

これには、色々な要因が考えられるのですが、プロジェクションバイアス（人は自分の未来の行動を予測するのが下手）と、たとえ正しい知識を持っていても、人は自分のことを正しく認識できない（「ソロモンのパラドクス」）が関係していると思います。

こういった需要予測調査の問題点を克服しようと、近年のマーケティングリサーチでは、質問の仕方を工夫するようになっています。２０１６年の大阪経済大学の研究によると、炭酸飲料の調査では「自分がその商品を買いたいと思うか」という自己購買意向よりも、「他者からの人気はどのくらいありそうか」という他者人気予想の設問のほうが、実際の売上との相関性が高いことが示されました。

「自分のことではなく他者のことを予想する」という手法は、需要予測だけでなく選挙予測にも有効であることがわかっています。当選予想をするとき、「誰に投票するか（＝自分の意向）」を聞くのではなく「誰が当選するか（＝他者の行動の集計結果）」を聞くほうが予測精度は高いということが、数々の実証で明らかになっています。

テクノロジーが発達し、人の行動データが大量に取得できる時代になりました。未来予測が上手な人は、「人は、いっていることとやっていることは違う」ことをよく理解しているので、事前のモニター調査や商品レビューを鵜呑みにせず、「この商品をリリースしたら、人々はどう行動するのか？」を小さくテストし観察します。「最初から当てにいくのではなく、試作品の段階から世に出し、フィードバックを受けながら軌道修正し改善していくことで、結果的に当たるようにしている」というわけです。最初から完璧を目指さずに、まずは小さく始めて、大きく育てていきましょう。

おわりに

いかがでしたでしょうか。「確率・統計って、難しい計算をするものなんでしょう？」という思い込みが少しでも薄まりましたか？「人生哲学みたいで奥深い」「脳トレや謎解きみたいで面白い」「もっと勉強したくなった」という感想を持っていただけたら幸いです。

「数字が苦手」という人は私の周りにもたくさんいますが、その人たちに共通するのは「数字を直感的にとらえられていない」ということです。数字というものをなんだか小難しい概念としてとらえてしまっているのです。

数字は、0〜9までの10個の記号を使って表します。これを「十進法」といいます。そもそもなぜ十進法なのかというと、人間の指が10本あるからです。人間の指という身体に合わせて、数字は開発されました。幼少時に「リンゴがひとつありました。お母さんからリンゴを二つもらいました。リンゴは合わせていくつありますか？」という足し算をするときに、最初は指を折って数えましたよね。指という身体の感覚で、数字というものを覚えていきました。

それが繰り上がりの計算だったり、掛け算だったり、公式に当てはめたりというように、指10本では不可能な、身体感覚を超えた計算をしなければいけなくなるにつれて、数学を「感覚」ではなく「暗記」で覚えるようになっていきます。これが「うー、よくわからない」「数学が苦手だ」と思ってしまう正体です。私も、「九九」を覚えるのですら苦手でしたし、小学校3年生時に2桁の割り算が出てきたときは、あまりにもわからなくて本当に泣きました。このようにして数学アレルギーの私が出来上がっていき、なるべく数学を避けて通っていきました。

しかし、自称「数字アレルギー」の状態で社会人になったとき、とても困ることに気づきました。「あれ、いつの間にかお金がない」「そんなに贅沢《ぜいたく》しているわけじゃないんだけど貯金できない」「思い切って車を買ったら生活が苦しくなった」。しっかり働いているはずなのに、そういった状態が続いたのです。

振り返ってみると、例えば洋服屋さんで買い物をするときに、1万円の商品が5000円になっていたら、それほどほしくなくても「半額か」と思いかごに入れていました。しかし、2000万円の車を買うときには「50000円引きしてください！」という値下げ交渉はせず、言われるがまま契約書に判子を押していました。「5000円安くなる」ことは同じなのに、車の場合は嬉しくないわけです。同じ「5000円」でも、状況によって勝手に重みづけしているのです。これは、第9章で説明した「心理会計」が関係してくるので、そちらを振り返ってみてください。大きな金額になるほど身体感覚を超えたものになるので、その価値を正しく認識できなくなるのです。

時間についても同様です。「特になにをしていたわけでもないのに、いつの間にか終業時間になっていた」「ひとつの仕事にどのくらいの時間がかかるのかが読めない」というような人はかなりいます。

こうして、小さな損を繰り返していくと、やがて大きな後悔になります。世の中のウソや誤解は、その多くは確率・統計が関係している問題だと思います。空き巣の対策をするためには空き巣の手口を知っておく必要があるように、数字に騙されないようにするためには騙し方を知っておいたほうがいいでしょう。

サトウマイ

読者プレゼント

第9章で解説した、プロスペクト理論を応用した心理会計について、本文内に四つの問題が出てきました。

①給与とボーナスは、別々に支給したほうがいいか一緒がいいか
②所得税と住民税は、別々に徴収したほうがいいか一緒がいいか
③所得税の徴収は、給与天引きがいいかあとから徴収がいいか
④割引をするときは、その場で現金割引がいいかあとからキャッシュバックがいいか

解説に割く量が膨大になってしまいましたので、紙面の関係上、細かな解説は省きました。しかし、この本を手に取ってくれたみなさんに特別に解説動画をプ

レゼントしたいと思います。

動画での解説ですので、授業を受けているような感覚が得られ、より理解しやすいと思います。本当は、著者の顧客向けに有料で伝えている内容ですが、せっかく本を手に取っていただいたあなたに、もっとわかりやすい解説ができないかと考えました。その結果、動画をお届けすることにしました。

そして動画のプレゼントだけでなく、書き込みができる演習ノートもプレゼントします。二つのプレゼントをご希望の方は、左のＵＲＬまたはＱＲコードを読み取ってアクセスしてください。動画の公開は終了する可能性もありますので、なるべく早くご覧ください。

【心理会計】プロスペクト理論の解説
https://youtu.be/Qpvt-Wg92ug

サトウマイ

合同会社デルタクリエイト代表社員
データ分析・活用コンサルタント
国立福島大学経済経営学類卒業。一般企業就職後、26 歳で独立、データ分析・統計解析事業を始める。現在は企業のマーケティングリサーチや需要予測調査、商品開発支援などを行っている。数学アレルギーから学生時代より文系の道に進むが、統計学と出会いアレルギーを克服。株式会社野村総合研究所主催の「マーケティング分析コンテスト」入賞。学生や社会人向けに、データ分析をリアル謎解きとして楽しみながら、仕事に役立つ実践的なトレーニングを行っている。

合同会社デルタクリエイト
http://delta-create.co.jp

はじめての統計学
レジの行列が早く進むのは、どっち!?

2021年 2 月22日　初版発行
2022年12月27日　4 刷発行

著　者　サトウマイ
発行者　野村直克
発行所　総合法令出版株式会社
〒103-0001 東京都中央区日本橋小伝馬町 15-18
EDGE 小伝馬町ビル 9 階
電話　03-5623-5121
印刷・製本　中央精版印刷株式会社

ISBN 978-4-86280-788-5